Guía para principiantes en Inversiones de Bienes Raíces.

¡Aprende el ABC de los Bienes Raíces para ser un inversionista exitoso! ¡Obtén ingresos pasivos con la Renta de Propiedades, Locales Comerciales, Marketing y Reparación de Créditos ahora!

Por David Hewitt y Andrew Peter

Tabla de Contenidos

¿Es la inversión inmobiliaria un plan para hacerse rico rápidamente?

¿Qué pasa si mi nicho es demasiado caro?

¿Es imprescindible tener una LLC o una corporación para invertir en bienes raíces?

¿Debo esperar para invertir hasta que cambie el mercado?

¿Es imprescindible tener una licencia inmobiliaria?

Cuatro cosas que necesitas

Capítulo 3: Elementos financieros aburridos

Conociendo tu Posición
Revelar quién maneja tu dinero
Cómo ahorrar suficiente dinero sin perder toda la diversión
Cómo ganar más dinero en el trabajo

Capítulo 4: Poniendo en orden las cosas

Dominar los ciclos del mercado
Las cuatro fases

Fase 1: Encontrar un mercado de expansión
Fase 2: Encontrar un mercado en equilibrio
Fase 3: Determinación de una caída del mercado
Fase 4: Elección de un mercado de absorción

Superar los temores de inversión inmobiliaria
Construyendo tu equipo de bienes raíces

Paso uno: ¿Es hora de que formes un equipo de bienes raíces?
Paso dos: Analiza tus finanzas
Paso tres: asegúrate de que todos los sistemas relevantes estén en su lugar
Paso cuatro: acordar el tipo de división de comisiones
Paso cinco: Desarrolla un acuerdo de equipo de bienes raíces
Paso seis: elige un nombre para el equipo de bienes raíces

Emplear miembros del equipo

Paso 1: desarrollar un proceso de contratación
Paso 2: contrata a un asistente administrativo de bienes raíces

Una vez que creas la red, lo siguiente es el análisis detallado y la VELOCIDAD

Proceso de análisis: ejecutar "vueltas" alrededor de la competencia

Rompiendo el sistema LAPS

Análisis

Propuesta u ofertas presentadas

Éxito

Algo más sobre sincronización y velocidad

Grandes tácticas para encontrar grandes ofertas

Sitios de Anuncios

Servicio de Listado Múltiple

Conduce y busca señales que indiquen que un vendedor está motivado

Compra anuncios en línea dirigidos a personas que venderán pronto

Utiliza el correo directo para dirigirte a vendedores motivados

Adopta las redes

Capacita a tus propios mayoristas

Obtén una ventaja sobre las propiedades testamentarias

Precauciones al buscar las mejores ofertas en propiedades en venta

Capítulo 8: Medios para financiar tus acuerdos inmobiliarios

Hipotecas convencionales

Prestamistas de dinero privados

Préstamo con garantía hipotecaria

Financiamiento del propietario

Asociaciones

Dinero duro

Opción de arrendamiento

Préstamos FHA

Préstamos de cartera

Préstamos comerciales

Capítulo 9: Estrategias de cierre de bienes raíces

Venta tradicional con agente inmobiliario
Venta de FSBO (a la venta por el propietario)
Estos son los pasos sobre cómo vender tu propiedad por tu cuenta

Prepara tu casa para la venta
Ponle precio a tu casa
Publica tu casa
Comercialice su casa
Muestra tu casa
Negociaciones
Cerrar la transacción

Vender con financiación del vendedor

Pagaré de financiación del propietario
Generar ingresos pasivos
Ahorra algo de dinero

La estrategia de intercambio 1031

Requisito de tipo similar
Restricciones de tiempo
Mantener el título con el mismo nombre

Secretos y trucos para vender tus productos

Aclara tu agenda y tus metas
Conoce a tus compradores, productos y servicios
Comprende tu presupuesto con anticipación
Comprende la línea de tiempo de tus clientes

Capítulo 10: Cómo hacer más trabajando menos

Ser el jefe
Ser efectivo versus ser eficiente
El enemigo número uno del progreso

Conclusión

Introducción

Cuando se trata de poderosas oportunidades de inversión, la propiedad inmobiliaria es la más probada de todas las formas, ya que ha logrado convertir una ganancia siempre que la idea de la propiedad de un inmueble esté activa. Por lo tanto, es uno de los tipos de activos robustos que apoyan a los profesionales para cualquier cartera, independientemente de si el titular recién está comenzando o si busca diversificarse.

Proporciona numerosos beneficios en lo que respecta a la rentabilidad, la liquidez, la diversificación y el flujo de caja. Si estás buscando una forma de aprender cómo iniciar en la inversión inmobiliaria, este libro le enseñará cómo convertirte en un gurú de la inversión inmobiliaria.

En el interior, aprenderás todo lo que necesitas aprender sobre la inversión inmobiliaria, incluido cómo empezar con una pequeña cantidad de capital o si tienes una mala calificación crediticia. También aprenderás a ubicar las mejores propiedades que merecen poco o ningún trabajo antes de que puedan ser listadas para la venta. También obtendrás un método detallado para el éxito, independientemente de si deseas comprar una propiedad y conservarla a largo plazo o si estás más interesado en cambiar de casa.

La inversión inmobiliaria es el primer paso en el que muchas personas se sumergen para alcanzar la libertad financiera. Y este libro te presenta secretos que puedes seguir para tener éxito, como los mejores inversores inmobiliarios. ¿Entonces, Qué esperas? Sigue leyendo para desbloquear tu futuro financiero.

Capítulo 1: Las dos preguntas más comunes

¿Cómo puedo empezar a invertir en bienes raíces?

La mayoría de las personas interesadas en iniciarse en la inversión inmobiliaria no saben cómo empezar. Si bien no existe el momento perfecto para comenzar a invertir en bienes raíces, también es bueno hacer su debida diligencia, investigar lo suficiente, ejecutar números, ser creativo y estar listo para tomar riesgos calculados para tener éxito. Si estás listo para enfrentar el desafío, entonces es hora de descubrir cómo iniciarse en el sector inmobiliario.

Primero, desacreditemos algunos mitos sobre la inversión inmobiliaria.

1. No es para mi

Bueno, si crees que las inversiones inmobiliarias son solo para personas ricas que pueden correr riesgos porque no tienen bocas hambrientas que alimentar, entonces estás equivocado. Piénsalo. Madres solteras, mujeres, divorciadas, todas compran inmuebles y se benefician de este boom inmobiliario.

No importa cuánto dinero pueda pagar, incluso con lo poco que tiene, aún puede comenzar poco a poco. Y eso es incluso mejor porque hay mucho que aprender y muchos errores que cometer. Cuanto menor sea la inversión, menos costoso será el error.

2. Solo los hombres pueden tener éxito en el sector inmobiliario

Cualquiera puede triunfar en el sector inmobiliario. De hecho, las mujeres tienen un mayor porcentaje de éxito que los hombres.

3. El mercado puede cambiar

Una vez que aprendas cómo iniciar en el sector inmobiliario, comenzarás a comprender que el mercado no importa tanto. La inversión inmobiliaria funciona en cualquier lugar y para cualquier persona que invierta su energía, tiempo e interés en comenzar.

Muchos inversionistas primerizos pierden su efectivo después de invertir en bienes raíces. Pero esto solo les sucede a aquellos que no entienden las rúbricas de comprar y vender bienes raíces. Por tanto, esto revela que la forma correcta de iniciarse en este nicho es adquiriendo los conocimientos relevantes en todas las áreas de la inversión inmobiliaria. Para ayudarte a convertirte en un inversor inmobiliario, hemos destacado brevemente las áreas principales que debes conocer como principiante. En los próximos capítulos se explorará una discusión extensa de estos temas

Selecciona la ubicación de inversión adecuada

El lugar donde compras tu primera propiedad de inversión determina la cantidad de ganancias que puedes esperar. Esta es la razón por la que los inversores inmobiliarios por primera vez deben considerar la ubicación de una propiedad. Por ejemplo, puedes obtener una buena propiedad de alquiler a la venta a un precio asequible, pero el vecindario no es tan bueno. Según varios factores, la compra de este alquiler podría no ser la mejor medida para obtener más beneficios en la inversión inmobiliaria. Algunos de estos factores incluyen:

- Tarifas de alquiler e ingresos mensuales
- Tasas de oferta y demanda
- Tasas de criminalidad y seguridad
- Costos y gastos operativos
- Tendencias de apreciación inmobiliaria

Todos estos factores determinan la cantidad de ganancias que puede generar una ubicación y qué tan rentables son las propiedades de inversión en una ubicación en particular. Por lo tanto, el consejo para los inversores que inician un negocio de propiedades de alquiler es siempre monitorear las tendencias que afectan el mercado inmobiliario antes de invertir el dinero en una propiedad. Los mejores lugares para invertir en bienes raíces generarán altos ingresos por alquiler, buen retorno de la inversión y flujo de caja positivo

Elige tu estrategia de alquiler

La mayoría de las personas, cuando se encuentran con el término propiedades de alquiler, piensan en apartamentos y casas que se alquilan a inquilinos a largo plazo. Esta es la estrategia de alquiler tradicional y ha estado funcionando durante décadas; por eso es el método más popular para invertir en bienes raíces. Sin embargo, existe otra estrategia de alquiler que ha surgido en los últimos años, y está comenzando a convertirse en la mejor estrategia de inversión inmobiliaria. La estrategia de alquiler a corto plazo implica que los inversores inmobiliarios compren casas de vacaciones para alquilarlas a los huéspedes durante un período corto

Encontrar tu propiedad de inversión

Hay muchos tipos de propiedades de inversión entre las que puedes seleccionar para iniciar en el sector inmobiliario. Hay apartamentos pequeños, casas unifamiliares, casas adosadas y muchos más. Decidir el tipo de propiedad que deseas como primera inversión te permitirá reducir los resultados de tu búsqueda hasta que obtengas la perfecta. Ya que eres un inversionista inmobiliario principiante, nuestra recomendación es comenzar con poco.

Realizar un análisis del mercado inmobiliario

Una vez que encuentres una casa en venta, lo siguiente es hacer su análisis de mercado. No te apresures a comprarlo. No todas las casas generarán ganancias como propiedad de alquiler y, como inversionista, no debes invertir tu dinero en una propiedad que no te generará ganancias. La única forma de determinar la rentabilidad de una propiedad de inversión es realizar un análisis del mercado inmobiliario.

Este es el procedimiento para evaluar las oportunidades de inversión para determinar las ganancias y los riesgos esperados. Ofrece a los inversores una imagen detallada de la ubicación y las ganancias que se esperan obtener de la inversión. En general, el análisis del mercado inmobiliario te ayuda a evaluar la propiedad y compararla con otras similares en el mercado para ver si comprarla tiene sentido financiero y genera ganancias.

Financiamiento de tu propiedad de inversión

Una vez que hayas terminado de analizar la propiedad, ahora es el momento de tomar posesión de la propiedad de inversión. Una de las principales preocupaciones de la inversión inmobiliaria para los inversores nuevos es la financiación. Algunos creen que los inversores solo compran propiedades con dinero, pero el hecho es que no todos lo hacen. Una de las recompensas de invertir en bienes raíces es que puedes pedir prestado el dinero de otras personas para ganar dinero. Esta es una excelente manera de comenzar en bienes raíces, invirtiendo con poco efectivo. Aprenderemos más sobre la financiación de tu propiedad de inversión en los próximos capítulos. Por ahora, esto es lo que necesita saber para convertirte en inversor inmobiliario.

Por qué deberías elegir la inversión inmobiliaria

Cuando tienes la oportunidad de crecer en el negocio o de un incremento salarial, puedes verte tentado a usar tu riqueza para comprar cosas. Sin embargo, si eres financieramente inteligente, sabes que sería mejor que utilizaras tu dinero extra en algo que genere más valor a largo plazo.

Las propiedades inmobiliarias son una gran fuente de inversión sólida y estable. Una gran inversión es aquella en la que gastarás la mayor parte de tu efectivo, pero generaría más a cambio.

Hay muchas áreas en las que puedes invertir tu dinero: como acciones y bonos. Pero, aun así, las ventajas de las inversiones inmobiliarias son mayores que cualquier otro tipo de inversión.

Estas son las mejores razones por las que deberías optar por invertir en propiedades inmobiliarias:

Es una inversión financiera segura

Las propiedades inmobiliarias aumentan de valor a una tasa que llegaría hasta un 3% anual. Su valor no depende mucho de factores externos, a diferencia de otros tipos de inversión. La inestabilidad política, el wat o el desastre no afectan las probabilidades de que los inmuebles incrementen su valor.

Además, existe un riesgo menor para las propiedades inmobiliarias, a diferencia de los mercados de valores, donde pueden destruirse fácilmente en unos minutos debido a su alta volatilidad del mercado, los bienes raíces no causan ese tipo de amenaza.

Puedes aprovechar

Dado que los bienes raíces son una propiedad física, es fácil obtener financiamiento para comprarlos. Esto es lo que se conoce como "apalancamiento". Esto no es lo mismo que comprar "acciones".

Además, puede alquilar su propiedad. Los ingresos que obtenga del alquiler se pueden utilizar para compensar la tarifa restante de su propiedad.

En otras palabras, no necesita traer todo el capital de su almacén para comprar la propiedad.

Su valor siempre incrementa con el tiempo

Cuanto más tiempo tengas tu terreno o edificio, mayor será su costo. La tasa a la que aumenta el valor puede depender de varios factores, pero la historia indica que la propiedad inmobiliaria aumenta de valor cada año.

Es simple

Invertir en mercados de valores exigiría muchos estudios. Algunos incluso podrían contratar expertos para que investiguen por ellos. Pero cuando se trata de comprar propiedades, no es necesario pasar por problemas como ese.

Con la ayuda de expertos, puedes elegir la propiedad que desees. Además, algunos de los que han adquirido sus casas inicialmente han considerado vivir en ellas. La realización de las ganancias de su adquisición vendría más tarde cuando se dan cuenta del crecimiento del precio de la propiedad.

Genera ingresos pasivos

Existen múltiples formas de obtener ingresos de la propiedad inmobiliaria. Depende de lo que le decidas hacer. Primero, puedes esperar más para construir una casa de retiro. De esa forma, el valor de la casa se va a apreciar.

Otra forma es establecer una tarifa de alquiler más alta que el precio de los impuestos o de descuento de crédito. Una forma de lograr esto es una inversión moderada en un condominio de clase media alrededor de áreas comerciales donde los trabajadores pueden alquilar en su condominio.

Otro método es comprar propiedades antiguas o casi en ruinas a un precio más económico, mejorar el lugar y luego venderlo a un costo mayor.

Decidas lo que decidas con tu propiedad inmobiliaria, puedes sentarte y dejar que tu dinero trabaje para ti. Lo mejor que puedes tener es tiempo. Con los ingresos pasivos, puedes usar tu tiempo para cosas que son importantes para ti y esto aumenta la calidad de tu vida.

Es un activo utilizable

Lo mejor de comprar tu propia casa es que puedes vivir en ella. Puedes decidir usarla para tu propio bien. Esto es diferente a tener una barra de oro en la que no puedes darte el lujo de usarla.

Puedes controlarlo

Una vez que posees el activo, tienes control total sobre qué hacer con él. Puedes optar por aumentar el alquiler o utilizarlo.

Tiene beneficios fiscales

El valor acumulado de tus bienes raíces no disminuye a menos que la propiedad esté envejeciendo. Esto significa que, si posees más propiedades inmobiliarias, existe una mayor probabilidad de multiplicar el valor de tu propiedad. Con los bienes raíces, tienes numerosas oportunidades para que tu dinero aumente sin la amenaza de tener que pagar impuestos.

En resumen, si inviertes en propiedades inmobiliarias, seguramente obtendrás los beneficios del crecimiento de tu fortuna. Buscamos constantemente nuevos métodos para ganar dinero a través de un negocio, inversión o de cualquier otra forma. La inversión inmobiliaria es una de las mejores formas de lograr ese objetivo.

Capítulo 2: Preguntas frecuentes que todo principiante en bienes raíces quiere saber

¿Puedo involucrarme en bienes raíces si tengo un trabajo de tiempo completo?

Sí, y cuanto antes empieces, mejor.

La mayoría de la gente piensa que, para tener éxito en la inversión inmobiliaria, deben dejar su trabajo y dedicar el tiempo completo como inversores inmobiliarios. Es una decisión difícil de tomar porque existen muchas ventajas para mantener tu trabajo, así como inconvenientes a considerar

Esto es lo que necesitas saber.

Existen numerosas formas de generar dinero en bienes raíces, y cada estrategia y técnica difiere en la cantidad de tiempo requerido.

Algunos métodos pueden requerir que participes activamente en tu negocio y otros pueden requerir 40 horas por semana. Otras formas pueden ser más pasivas y requerir un total de 40 horas durante todo el año.

Lo bueno de los bienes raíces es la variedad de opciones disponibles y la construcción de un negocio que se adapte a tu estilo de vida, experiencia, situación financiera, metas y educación.

Tener un trabajo aumenta el crecimiento de tu negocio de inversión

Una de las principales razones para invertir en bienes raíces mientras tienes un trabajo es que tu trabajo puede proporcionarte los ingresos que deseas para respaldar tu negocio de inversión.

Dependiendo de la cantidad de dinero que ahorres, tendrás dinero cada año para destinarlo a inversiones inmobiliarias.

También podrás reinvertir el dinero de tus inversiones porque utilizarás tu salario laboral para cubrir tu costo de vida.

Una persona que invierte a tiempo completo y no tiene otro trabajo puede experimentar un crecimiento más lento porque tiene que utilizar los ingresos de sus inversiones para financiar los gastos de subsistencia.

Un trabajo te ayudará a obtener el financiamiento de un banco

Otra razón para no renunciar a tu trabajo cuando recién comienzas a invertir en bienes raíces es la disponibilidad de financiamiento bancario. Para recibir un préstamo de un banco, debes presentar evidencia de tus ingresos y tener una excelente calificación crediticia.

Tu trabajo será prueba de la cantidad de ingresos que califica para el financiamiento bancario.

En la mayoría de los casos, los empresarios e inversores que no tienen un trabajo de 9 a 5 y trabajan a tiempo completo como inversores inmobiliarios tienen dificultades para calificar para préstamos bancarios porque su negocio aún no genera suficientes ingresos, o no pueden demostrar ingresos estables.

En resumen, tu trabajo será una gran herramienta en las primeras etapas del lanzamiento de tu negocio inmobiliario. Esto continuará hasta que la pelota comience a rodar y tu negocio funcione lo suficientemente bien como para ayudarte a renunciar.

Aun así, tu trabajo de tiempo completo no debe desanimarte a comenzar a invertir en bienes raíces. Tienes que ser más adaptable para trabajar con el tiempo libre que tienes, pero es factible.

En general, si tiene un trabajo con horarios flexibles o puedes tomar descansos largos, será un poco más fácil comenzar.

Para aquellos que tienen una pausa para el almuerzo estándar de una hora y un día laboral completo, sus fines de semana, noches y pausas para el almuerzo serán los momentos en los que tengan que comprometerse con su negocio de inversión.

Por supuesto, estos no serán los mejores momentos para reunirse con los vendedores, pero puedes trabajar en otros elementos de tu negocio durante los períodos libres. Aprovecha al máximo tu tiempo libre.

¿Necesito contratar a un profesional para tener éxito?

Con la gran cantidad de programas de tutoría que se lanzan en línea a diario, es muy fácil para los inversores primerizos tener la percepción errónea de que necesitan un gurú inmobiliario para lograr el éxito. Sin embargo, el hecho es que no necesitas uno para tenerlo. De hecho, muchos de los inversores inmobiliarios de éxito eran hombres que se habían hecho a sí mismos. No contrataron a un gurú inmobiliario para llegar al éxito.

También es útil recordar que muchos de los llamados gurús de bienes raíces que encontrarás en línea te están pidiendo que pagues una suma enorme a cambio de cosas que son demasiado buenas para ser verdad. Ya los conoces: te venden con la promesa de riquezas rápidas, dinero fácil, jubilación anticipada como millonario, etc.

Y puedes saber fácilmente el tipo de servicios que ofrecen. Casi siempre son métodos "infalibles" que más bien resultan ser un gancho para hacer el pago:

- Campamentos de entrenamiento
- Cursos caros
- Coaching online
- Seminarios
- Programas de tutoría

Podrás encontrar fácilmente la mayoría de las estrategias que te venden esos gurús y bien documentadas, disponibles de forma gratuita en otro lugar de Internet.

También necesitas seguir el rastro del dinero. No son solo estos expertos los que se benefician de sus servicios de marketing. Muchos vendedores afiliados comercializan y revenden estos servicios a cambio de una determinada comisión.

Por supuesto, no es necesario contratar a un gurú inmobiliario para tener éxito.

Alcanzarás la perspectiva requerida si exploras el modelo de negocio de estos gurús: realmente no hay ninguna evidencia de que estén obteniendo ganancias de todas las estrategias, tácticas, técnicas y trucos que te están enseñando. En cambio, parece que acumulan todo su dinero de suscripciones de tutoría, tarifas de suscripción, ventas de libros electrónicos y entradas para seminarios. Si lo miras desde ese ángulo, parece más una estafa que un secreto para el éxito.

Dicho esto, estos gurús no son todos vendedores de aceite de serpiente. Algunos de ellos están bien informados y son increíbles vendedores, hombres de negocios y mercadólogos. El mayor desafío es que es probable que encuentres un gurú que solo quiera engañarte para conseguir un mentor real.

Lo más importante es que no necesitas gastar miles de dólares en estos gurús. Puedes obtener la mayor parte de la información que enseñan en Internet de forma gratuita. Puede encontrar mentores genuinos por ahí, pero debes tener cuidado todo el tiempo y evitar ser crédulo. Como inversor de bienes raíces, debes ser escéptico, y esta es una habilidad que tendrás que aprender por su cuenta.

¿Puedo invertir en bienes raíces sin dinero?

En pocas palabras, sí. Si deseas invertir en bienes raíces sin dinero, debes desarrollar un medio para reconocer, comprender e incluso utilizar el dinero de otras personas. Aun así, necesitarás algo de dinero para pagar un anticipo, cuando elijas financiar bienes raíces a través de préstamos convencionales.

Invertir en bienes raíces utilizando el dinero de otras personas es un enfoque genuino para algunas de las mejores empresas de inversión inmobiliaria.

Para los inversores con problemas financieros y los nuevos inversores, invertir en bienes raíces sin dinero es una excelente manera de probar las aguas.

Si bien puedes invertir en bienes raíces sin dinero, pero si no tienes dinero, deberás buscar otras estrategias para aportar recursos. Recuerda, hay un millón de formas de impulsar un negocio de bienes raíces, y no puedes aportar dinero al negocio, entonces, ¿qué más puedes traer? La respuesta aquí es que, si deseas invertir en bienes raíces sin dinero, busca personas que tengan dinero y hagan que valga la pena que pongan su dinero a trabajar contigo.

¿Puedo invertir en bienes raíces cuando tengo un mal crédito?

Comprar o poseer una propiedad de inversión es una de las mejores formas de obtener riqueza a largo plazo. Sin embargo, el problema más común que experimentan los inversionistas inmobiliarios al financiar propiedades de inversión es no ser elegible para préstamos bancarios porque los prestamistas hipotecarios generalmente evitan prestar dinero a los inversionistas con un puntaje crediticio bajo. Pero eso no significa que no haya otros medios para financiar una propiedad de inversión.

¿Qué es una mala calificación crediticia?

Un puntaje de crédito se refiere a un número estadístico que determina la solvencia de un individuo. Los prestamistas hipotecarios se basan en los puntajes crediticios para determinar si otorgan un préstamo a una persona y a qué tasa de interés se libera el préstamo. En pocas palabras; un puntaje de crédito alto indica que la persona es financieramente confiable para pagar un préstamo. Para los inversionistas inmobiliarios, una buena calificación crediticia es la mejor situación porque los califica para préstamos a tasas de interés más bajas y mejores condiciones. Por otro lado, una mala puntuación puede significar que un préstamo no es una opción.

Tu puntaje de crédito se calcula en base a un análisis de tus archivos de crédito. Te guste o no, este número revela la probabilidad de que pagues tus facturas. Si te encuentras entre los desafortunados, una mala puntuación de crédito no significa realmente que no puedas comprar una propiedad de inversión.

Por lo tanto, aún puedes invertir en bienes raíces con una mala calificación crediticia.

Cómo evitar una mala calificación crediticia y aun así invertir en bienes raíces

Un puntaje de crédito malo no significa que no puedas comprar una propiedad como inversión.

1. Comprar una rehabilitación

Los inversores inmobiliarios con puntajes crediticios bajos podrían no calificar para préstamos que cubrirían el precio de una propiedad unifamiliar. Pero aún pueden calificar para un préstamo que ayudaría a reparar una propiedad en dificultades. Este tipo de propiedad de inversión se puede mejorar y cambiar para obtener ganancias. Fix, and flip es un método de inversión inmobiliaria a corto plazo que genera altas ganancias en un período corto si se realiza correctamente. El único inconveniente de este método de inversión es que deberás invertir mucho esfuerzo para obtener los mejores resultados. A veces, surgen nuevos costos a medida que avanzas con el proyecto de inversión.

2. Consiga un co-firmante

Si crees que tienes la mejor propiedad de inversión, pero no tienes un buen crédito que te califique para un préstamo, busca a alguien para que sea un cofirmante que sea un aval de tu préstamo. Solicitar a un amigo cercano o familiar con un buen puntaje crediticio que firme la hipoteca de tu propiedad de alquiler es una gran idea siempre y cuando te asegures de realizar los pagos de la hipoteca. Si no lo haces, no solo empeorará tu puntaje crediticio, sino también el de tu aval.

3. Crea una asociación

Crear una sociedad inmobiliaria es una excelente manera de utilizar el crédito personal de otra persona para impulsar una oportunidad de inversión inmobiliaria. La única diferencia en este método es que debes dividir las ganancias con tu socio. La construcción de una sociedad inmobiliaria ofrece muchas ventajas; La recopilación de recursos puede ayudarte a lograr una propiedad de inversión enorme y ampliar tu red de inversión inmobiliaria. Sin embargo, una asociación mal planificada puede convertirse en un problema, especialmente en ausencia de un contrato de asociación. Por esa razón, es mejor firmar un contrato al formar una sociedad.

4. Prestamistas de dinero duro

Si todavía estás pensando en cómo comprar una propiedad de inversión con un puntaje de crédito malo, entonces el dinero fuerte es tu mejor opción. Los prestamistas de dinero duro son empresas que prestan dinero a tasas de interés altas. Además de eso, los prestamistas de dinero fuerte cobran a plazos muy largos, lo que los hace desfavorables para las inversiones inmobiliarias a largo plazo. Sin embargo, el dinero fuerte es perfecto para un método de inversión fijo. De esta manera, un inversor de bienes raíces puede pedir prestado dinero fuerte, generar ganancias y pasar al siguiente proyecto. Obtener un préstamo de dinero fuerte con una mala calificación crediticia no es un problema porque los prestamistas de dinero fuerte no tienen que ceñirse a las regulaciones y políticas de préstamos de los bancos.

En general, si deseas comprar una propiedad de inversión con un puntaje de crédito malo, la mejor manera es mejorar tu puntaje de crédito primero. Un buen puntaje crediticio te calificará para préstamos con tasas de interés más bajas y mejores condiciones. Pero si crees que tienes lo que se necesita para tener éxito en la inversión inmobiliaria, pero se ve afectado por una mala puntuación de crédito, considera las estrategias anteriores.

¿Es la inversión inmobiliaria un plan para hacerse rico rápidamente?

Aproximadamente la mitad de todos los nuevos inversores no pasan de su primer año. La razón de esta falta de conocimiento es que piensan que el negocio es más fácil de lo que realmente es. Los múltiples programas de televisión de inversión inmobiliaria ofrecen una imagen optimista del negocio de las inversiones. Si ves estos programas, parecería que todo lo que necesitas hacer es conseguir una propiedad que te guste, hacer un pequeño trabajo y esperar a que llegue el comprador. Cualquiera que esté en el negocio sabe que esto es mentira. En general, la inversión inmobiliaria no es un plan de "hacerse rico rápidamente". Exige mucho trabajo y compromiso.

Hay obstáculos en todos los sectores del negocio. Incluso en las condiciones adecuadas con el mejor escenario, todavía se requieren meses para comprar y vender una propiedad. La venta al por mayor se puede hacer más rápido, pero no generará los beneficios que desean los nuevos inversores. Cuando todo esté dicho y hecho, una vez que se paguen todos los gastos y obligaciones, la última palabra en cada transacción podría hacer que los nuevos inversores se sientan menos emocionados. Creen que conseguirán un jonrón en cada trato, pero la verdad es que la mayoría de las inversiones inmobiliarias implican conseguir sencillos y dobles, y esperar la oportunidad perfecta para hacer un gran swing.

El beneficio de cada trato puede ser menor de lo esperado y el trabajo mayor que el discutido anteriormente. Así es como sucede el negocio de inversión. Si crees que va a comenzar con una docena de cierres y un valor neto de millones de dólares, no estás siendo realista. El negocio inmobiliario puede ser muy lucrativo, pero de nuevo se necesita tiempo y trabajo duro para construirlo. Si no ves resultados instantáneos, puede ser fácil creer que no es para ti, o que no tienes la pasión necesaria para tener éxito.

El éxito de la noche a la mañana lleva años. La mayoría de los inversores llevan años en el negocio hasta conseguir un nicho o un contacto que les permita crecer. La idea de ganar más con un solo trato que en el trabajo anterior es interesante, pero esa no es la norma. La verdad es que es posible que debas dedicar tiempo a ejecutar una campaña de correo. Puedes hablar con 10 propietarios solo para llegar a un acuerdo. No indican esto en la televisión, pero aquí es donde obtienes tu negocio. Incluso después de llegar a este punto, aún debes manejar los costos de rehabilitación, los problemas del comprador y los problemas presupuestarios antes de llegar al cierre. Hay muchas oportunidades en invertir, pero también viene con mucha perseverancia y trabajo duro.

Si tienes una pasión genuina por los bienes raíces, puedes tener éxito en un período más corto, pero incluso eso no sucederá en los primeros 30 días. No existe un plan de enriquecimiento rápido en el sector inmobiliario. Invertir requiere educación y trabajo duro.

¿Qué pasa si mi nicho es demasiado caro?

Si estás considerando comprar una casa, pero te decepcionaste por el aumento de los precios en tu comunidad, no estás solo. Esto pasa por todas partes.

Cuando estás ahorrando para un pago inicial y te preguntas cuáles son tus opciones financieras, el aumento de los precios de la vivienda puede agregar presión. Es tentador buscar opciones de financiamiento creativas o justificar gastar más de lo que puedes administrar para asegurar una casa. ¡Pero no hagas algo tonto!

Antes de entrar en un desastre financiero, comprende que tienes otras opciones que no se comen tu presupuesto.

Aquí hay algunas formas de encontrar una casa incluso cuando el mercado es demasiado caro

1.   **Establece límites para los precios de tu vivienda**

Empieza por establecer límites para tus finanzas. Antes de que puedas evaluar tus opciones, debes saber cuánto puedes pagar por una casa. El precio que puedes pagar debe depender de tu situación financiera, no de la presión provocada por los precios del mercado inmobiliario.

Si no puedes pagar en efectivo por tu propiedad, la mejor opción es un préstamo hipotecario realizado correctamente.

2. **Difunde tu búsqueda**

Es posible que desees vivir en una ciudad, o tal vez te hayas concentrado en la vida suburbana, pero aumentar la búsqueda puede hacer que cambies de opinión sobre dónde realmente deseas estar. Los precios de las viviendas siempre son más asequibles fuera de la zona metropolitana.

Podrías estar atrapado en un mercado donde la propiedad de la vivienda siempre parecerá fuera de tu alcance. Sin embargo, si estás dispuesto a mudarte, la reubicación puede impulsar rápidamente su sueño de comprar una casa. Los jóvenes emprendedores están utilizando este enfoque.

¿Es imprescindible tener una LLC o una corporación para invertir en bienes raíces?

No. No es obligatorio tener una LLC. Una LLC puede brindar protección limitada y nunca te protegerá de actos delictivos si estás listo para mantener los registros requeridos y operar correctamente. Si no es así, la LLC puede perforarse fácilmente. Probablemente, muchos inversores inmobiliarios no se molestan en mantener suficientes registros. Sus LLC podrían ser peores. Esos inversores trabajan bajo la noción errónea de que sus activos están protegidos, pero pueden darse cuenta poco después de que estén vinculados a una demanda.

Una LLC puede ser difícil de representarse a sí mismo en la corte. La mayoría de los tribunales de distrito necesitan que las entidades estén representadas por un abogado. Las disputas simples entre el propietario y el inquilino que un propietario individual puede resolver pueden volverse más costosas y consumir más tiempo si tu propiedad de alquiler es una LLC.

No olvides que cuando un abogado sugiere que obtengas una LLC, tienen la oportunidad de beneficiarse de la creación de la entidad y el trabajo adicional relacionado con su mantenimiento. Se requieren presentaciones anuales y trabajo adicional de impuestos. En algunas situaciones, el abogado puede tener poca o ninguna experiencia con una propiedad de alquiler.

Lo principal es que la seguridad percibida de una LLC puede destruirse fácilmente, especialmente si eres un propietario-administrador. Obtén un préstamo a tu nombre para comprar la propiedad y acabas de destruir la LLC. Es imposible obtener financiamiento convencional en una LLC, así que esto es lo que hace la mayoría de la gente.

Desde un punto de vista práctico, la mayoría de las personas que se inician en el sector inmobiliario tienen muy poco que asegurar. Incluso si tienes varias propiedades de alquiler, la probabilidad es que el banco posea el 80% de la propiedad, por lo que no necesariamente tú eres el propietario. No pueden tomar algo que no les pertenece. Obviamente, siempre hay quiebra si ocurre algo raro. No pueden tomar tus cuentas de jubilación, que es donde la mayoría de la gente almacena riqueza.

¿Debo esperar para invertir hasta que cambie el mercado?

La mayoría de los inversores inmobiliarios y los posibles inversores inmobiliarios entienden que un aumento en los precios de la vivienda finalmente resultará en una caída masiva. Estos inversores están preocupados por comprar cualquier cosa y piensan que pueden obtener un mejor trato cuando todo cae.

Primero, es difícil saber si habrá otra caída del mercado. Muchos inversores asumen que sí la habrá. Sin embargo, un aumento en el precio no significa la caída del mercado inmobiliario. De hecho, si se basa en el índice histórico del mercado de la vivienda, los precios no son más altos que las tendencias promedio. Parecen más altos porque experimentamos una gran caída y luego un rápido aumento en poco tiempo. Si consultas el gráfico histórico del índice de precios de la vivienda, no estamos lejos de la normalidad.

Si estás esperando que el mercado cambie los precios de la vivienda, ¿cuánto tiempo esperarás? ¿Dejarás tu dinero en reposo durante un año, dos, cuatro o más?

Supón que el mercado en el que estás esperando invertir nunca cae. No hay garantía de que cada mercado caiga, o cuánto caerá. En resumen, siempre habrá oportunidades en el sector inmobiliario, pero puede que no sea fácil identificar esa oportunidad con exactitud. Entonces, en lugar de esperar al mercado perfecto, piensa en el tipo de oportunidades disponibles en el mercado actual.

¿Es imprescindible tener una licencia inmobiliaria?

Esta es una pregunta común que escucha cuando alguien quiere convertirse en inversionista de bienes raíces. Si bien poseer una licencia puede ser útil para tu carrera como inversionista en bienes raíces, realmente no necesitas una si quieres convertirte en inversionista. De hecho, no existen requisitos de licencia a nivel estatal para las personas que invierten en bienes raíces. Una licencia sería obligatoria si fueras a convertirte en agente de bienes raíces. Sin embargo, muchos inversores optan por obtener una licencia inmobiliaria debido a sus múltiples beneficios.

Entonces, eso nos lleva a la siguiente pregunta. ¿Cómo puedes convertirte en inversor inmobiliario sin licencia?

Bueno, aquí hay consejos y herramientas útiles que puedes utilizar para convertirte en un inversor exitoso sin obtener una licencia.

Cuatro cosas que necesitas

1. Educación

Informarse sobre la inversión inmobiliaria es importante para garantizar el éxito. Debes tener suficiente conocimiento de todas las características de la inversión inmobiliaria.

2. Acceso a los datos de la lista

Para tener éxito como inversor inmobiliario, debes acceder a una lista detallada de datos. Existen numerosas formas de acceder a información valiosa sobre bienes raíces sin una licencia.

Puedes intentar conectar con un agente de bienes raíces amigable con los inversores que puedan brindarte acceso a la MLS. Puede ser difícil crear esta relación de red inmobiliaria al principio, pero será gratificante a largo plazo.

3. Buscadores de propiedades en línea

Puedes utilizar buscadores de propiedades en línea para obtener las mejores propiedades de inversión.

4. Analítica inmobiliaria

Antes de comprar una propiedad de inversión, debes investigar detenidamente. Puedes lograr esto utilizando análisis de bienes raíces. La analítica inmobiliaria simplificará tu vida y te permitirá ahorrar suficiente tiempo a la hora de invertir en bienes raíces.

En resumen, es posible convertirse en inversor inmobiliario sin licencia.

Capítulo 3: Elementos financieros aburridos

Conociendo tu Posición

Es importante saber cuánto dinero tienes y la cantidad que estás dispuesto a invertir en tu negocio. Necesitas encontrar el capital de trabajo de tu negocio a partir de tus activos actuales. Aprender a determinar el capital de trabajo de tu empresa es tan simple como dominar una fórmula sencilla:

Capital de trabajo = Activo corriente - Pasivo corriente

Encontrar tu capital de trabajo exacto es un gran cálculo financiero. Comprender este número revelará información sobre la liquidez a corto plazo de tu empresa. Cuanto mayor sea tu capital de trabajo, mayor libertad financiera tendrás para crecer.

Revelar quién maneja tu dinero

Identificar y rastrear los principales impulsores de tu negocio es una herramienta vital para generar ganancias y garantizar que tu negocio se mantenga estable. Por eso es fundamental determinar cuáles son, si son medibles y si se pueden mejorar.

Un impulsor comercial clave es algo que tiene un efecto masivo en el desempeño de tu negocio específico.

Una lista extensa de factores internos y externos impacta el desempeño de cada pequeña empresa. El punto es concentrarse en un puñado de conductores que:

· Se pueden ejecutar
· Son medibles
· Reflejan el desempeño y el progreso de tu negocio
· Puede compararse con un estándar

Las ventas o los ingresos son el indicador principal que es fácil de seguir. Muchas empresas miden esto al menos mensualmente, pero muchas lo miden diariamente o incluso cada hora. Sin embargo, es posible que las ventas no sean el motor real de tu negocio. En cambio, podría ser la cantidad de llamadas de ventas que realizas o tu campaña de seguimiento. Estos son los factores que te ayudan a aumentar las ventas.

Cómo ahorrar suficiente dinero sin perder toda la diversión

Puede ser muy difícil equilibrar tu tiempo ahora y prepararte para el futuro. Pero con unos pequeños pasos, puedes hacer tus planes a corto plazo para actuar de manera que respalden tus planes a largo plazo.

Cuando consideras la vida, puede parecer que tienes mucho tiempo para concentrarte en las metas de ahorro que deseas alcanzar. Sin embargo, la vida parece pasar en un abrir y cerrar de ojos, por lo que es esencial recordar divertirse también con familiares y amigos.

En general, el mundo se compone de realizadores a corto plazo y planificadores a largo plazo. Es posible planificar con anticipación y aun así aprovechar al máximo el tiempo que tienes ahora, pero puedes experimentar desafíos que coincidan en peso con las cosas que haces y con las cosas que deseas en el futuro. La tensión entre cómo vives la vida y cómo tu cerebro planifica tus metas puede evitar que cumplas con tus expectativas. A menos que aprendas a equilibrar su enfoque.

• **Ahorra y luego hazlo** –Haz lo que sea que funcione para comenzar y encuentra formas de ayudarte a equilibrar tu vida.

• **Controla tus gastos** – Hacer un seguimiento de tus gastos puede ayudarte, y a su vez, a crear un presupuesto para ahorrar, y ahorrar dinero para cumplir los objetivos tiene recompensas integradas.

• **Cambiar a mejores incentivos** – Encuentra una manera de cambiar tus incentivos para ayudar a equilibrar la diversión ahora con el ahorro para el futuro.

Cómo ganar más dinero en el trabajo

¿Quieres hacer más dinero? Bueno, aquí hay un par de formas en las que puedes solicitar aumentar la cantidad de dinero que ganas en el trabajo.

- **Solicitud de aumento**-No esperes hasta que tu jefe te ofrezca más dinero, es posible que eso nunca suceda. Prepárate y muéstrales tus logros específicos. \

- **Solicitud de promoción** - Si hay una vacante, prepárate para demostrarles que estás calificado para ello con tu currículum y logros relacionados con el nuevo puesto.

- **Continúa tu educación** - Siempre busca formas de mejorar tu conjunto de habilidades o aprender nuevas.

- **Establece relaciones dentro y fuera de tu** departamento - Esta es una gran práctica en general. Si quieres subir la escalera o ganar más dinero, necesitas porristas.

- **Comercializarse**-Las oportunidades no van a buscarte ni a entrar en tu oficina. Tienes que salir para encontrarlos.

- Vuélvete indispensable- Sé honesto, servicial y positivo. Serás insustituible porque tus compañeros querrán trabajar contigo.

- **Cambiar de trabajo** - Consigue un nuevo trabajo.

- **Desarrollar el plan B**- Si dependes al 100% de un trabajo determinado, y puedes aceptar menos de lo que te mereces porque no quieres perderlo.

Capítulo 4: Poniendo en orden las cosas

Dominar los ciclos del mercado

Desde el colapso del sector inmobiliario en 2007, ha habido una recuperación masiva en la mayoría de los mercados. Muchos expertos piensan que el sector inmobiliario es una burbuja que pronto surgirá. Los expertos dicen que, dado que los ciclos del mercado inmobiliario duran ocho años, y este es el noveno año de aumentos sucesivos de precios, una corrección está atrasada. Las tasas de interés han subido un 2,25 por ciento desde diciembre de 2008 y muchos todavía se preguntan si la fiesta terminó.

Cuando comprendes los ciclos del mercado, obtienes información sobre qué hacer con los activos actuales y si comprar más o no. Invertir puede ayudarte a optimizar las ganancias y evitar fallas. Sumérgete en el ciclo del mercado inmobiliario y aprendamos a identificar dónde se encuentra un mercado determinado en el ciclo y el tipo de estrategias que se deben aplicar en cada fase del período.

Las cuatro fases

El ciclo del mercado inmobiliario tiene cuatro fases. Primero, es una expansión o la etapa durante la cual ocurre el crecimiento. Lo siguiente es el equilibrio o un período de estabilización. La tercera fase es Declive, donde los valores caen, a veces un poco, a veces mucho. El último paso, entonces, es la absorción o la fase en la que los valores de las propiedades comienzan a recuperarse y comienza la recuperación, pero el crecimiento sigue siendo lento.

Analicemos en detalle cada una de estas fases del ciclo del mercado.

Fase 1: Encontrar un mercado de expansión

Los mercados inmobiliarios en fase de expansión son lugares que experimentan un crecimiento del empleo y un aumento de la población. Las iniciativas gubernamentales favorables, los incentivos fiscales y los impuestos a los ingresos bajos pueden generar beneficios económicos. Por ejemplo, cuando hay buenas condiciones en el mercado, las corporaciones pueden estar dispuestas a mudarse o expandirse en un mercado. El crecimiento de la infraestructura y la expansión de las fábricas generan empleos. Más puestos de trabajo resultan en un crecimiento de la población, lo que conduce a más permisos de construcción, nuevas escuelas, carreteras y centros comerciales.

Durante la etapa de expansión, los grandes lugares cerca del centro de la ciudad y las áreas con casas antiguas con importancia histórica pueden identificar renovación y gentrificación. El inventario de viviendas puede resultar reducido. Habrá más compradores que vendedores, y los vendedores encontrarán numerosas ofertas, con precios que siempre crecerán por encima de los precios de lista. Un inventario no permanece en el mercado durante un período muy largo durante la expansión. Por lo general, las propiedades se venden en días o incluso en horas. Los precios suben durante el desarrollo y la valuación es alta.

Acciones a realizar durante la expansión

El período inicial de la fase de expansión es el momento de construir nuevas viviendas y generar dinero haciendo giros. Durante el último período de desarrollo, es bueno vender o preferiblemente intercambiar propiedades que se compraron a bajo precio durante la absorción o declive. Luego, con ese efectivo en la mano, compra en otros mercados que tengan un mejor flujo de efectivo y más espacio para que los precios aumenten.

Fase 2: Encontrar un mercado en equilibrio

En los primeros períodos de la fase de equilibrio, el nuevo inventario llega al mercado a medida que los individuos sienten que las cosas se están desacelerando y se esfuerzan por cobrar. Hay menos compradores porque la expansión de la empresa y el crecimiento del empleo se han reducido cuando se produce el equilibrio. Los listados de bienes raíces comienzan a estar en el mercado durante 120 días o más. Los precios comienzan a bajar y los vendedores pagan más concesiones porque el mercado comienza a favorecer a los compradores en lugar de a los vendedores. Durante el equilibrio, los constructores ofrecen recompensas y comienzan a bajar los precios. Los nuevos centros comerciales tienen vacantes y los complejos de apartamentos comienzan a ofrecer incentivos.

Acciones a tomar durante el equilibrio

No seas codicioso. Si quieres vender y tienes una buena equidad, este es el momento de hacer eso. Es posible que tengas que vender un 10 por ciento por debajo del valor de mercado para asegurarte de salir antes de la avalancha de personas que harán que el mercado caiga. Para aquellos que desean aumentar sus ganancias, el equilibrio es el momento de comprar propiedades de mercado a vendedores en dificultades, donde aún puedes obtener precios que tengan sentido.

Fase 3: Determinación de una caída del mercado

Uno de los métodos más seguros para identificar un mercado en declive es estudiar las tendencias del empleo. En declive, aumenta el desempleo, es difícil encontrar trabajo; las empresas limitan su fuerza laboral. Las escuelas pueden incluso permitir que los maestros vayan porque las personas se trasladan de la ciudad a otros mercados. Los signos de declive eventualmente se vuelven claros. Las ofertas son bastante bajas y hay margen de negociación. Los gobiernos locales pueden intentar reactivar el mercado estableciendo zonas de mejora y otros incentivos de desarrollo.

Acciones a realizar durante un declive

Si vendiste en una fase de mercado anterior y no reinvertiste en un mercado diferente, es posible que tengas efectivo en la mano. Si es así, la disminución es el período para comprar propiedades con grandes descuentos, principalmente activos A y B +. Las propiedades de clase superior aumentarán más su valor cuando ocurra el rebote, y la disminución es el momento perfecto para obtener estas gemas a precios que resultarán en un flujo de efectivo durante un mercado a la baja. También es posible que desees identificar los complejos de apartamentos durante un declive. Solo asegúrate de tener suficiente demanda de alquiler y que no exista pérdida de población.

Fase 4: Elección de un mercado de absorción

La absorción comienza cuando los precios dejan de bajar. El aumento se vuelve evidente para muchos inversores solo cuando el inventario de ejecución hipotecaria comienza a ser competitivo. La absorción puede experimentar el retorno de múltiples ofertas como un REIT significativo, y los fondos de cobertura comienzan a competir por el inventario. Los precios suben a medida que las condiciones del mercado comienzan a favorecer a los vendedores una vez más. La absorción hace que los empleos regresen y el desempleo disminuya. Una excelente manera de considerar la absorción es a principios de la primavera. Podría haber nieve en el suelo, pero se está derritiendo, las temperaturas se están calentando, pero todavía es temprano para pantalones cortos y sandalias.

Acciones a tomar durante la absorción

La absorción es el período para comprar propiedades de flujo de efectivo como sea posible. Cíñete a los mejores barrios. Si aumentas tu cartera durante la absorción, siempre tendrás un buen flujo de caja y recibirás un aumento de la apreciación más adelante durante la etapa de expansión.

Recuerda que todos los bienes raíces son locales y que, por lo general, hay mercados en cada una de las cuatro fases del ciclo del mercado en algún lugar del país.

Superar los temores de inversión inmobiliaria

Con la inversión inmobiliaria, muchos inversores, y especialmente aquellos que están comenzando, tienen que lidiar con la ansiedad en algún nivel. Podría presentarse como una renuencia a seguir adelante con un trato, o podría ser un terror en toda regla si se encuentra en un aprieto financiero que podría tener efectos severos y duraderos.

Una de las rúbricas del éxito en el sector inmobiliario es aprender a controlar el miedo y superarlo para convertirse en un inversor valiente y seguro. Entonces, ¿cómo puedes vencerlo?

1. Educarse

La mayor parte del miedo surge de lo desconocido y la competencia. Tal vez tu ansiedad te esté diciendo que no sabes mucho sobre algo. Está bien. Solo aprende sobre esto. Regístrate en ese curso de inversión inmobiliaria, lee libros sobre bienes raíces, investiga y realiza movimientos calculados.

2. Prepárate para recibir ayuda

Los inversores inmobiliarios exitosos y los líderes empresariales saben que la ayuda es esencial para su éxito. El apoyo no es un signo de debilidad. Nadie sabe todo, acerca de todo. Acepta la ayuda, obtén asesoramiento, consulta a mentores, establece contactos y, sobre todo, escucha.

3. Tómalo como un profesional

Acepta la presencia de preocupaciones, enfréntalas, aprovecha tu conocimiento e involucra a tu red para reducir el riesgo y hacer los mejores movimientos que puedas.

Construyendo tu equipo de bienes raíces

Algunos agentes inmobiliarios prefieren trabajar por su cuenta durante el resto de sus carreras. Otros prefieren unirse a un equipo inmobiliario que asumir la responsabilidad de construir y administrar uno.

Pero si has decidido que te encuentras en una etapa en la que necesitas reunir a tu equipo y estás listo para administrar uno, entonces necesitas saber por dónde comenzar y qué pasos tomar para tener éxito.

Esta sección te ayudará a aprender cómo crear un equipo de bienes raíces que seguramente hará crecer tu negocio.

En general, hay varios pasos que debes completar antes de poder comenzar el proceso de contratación. Observa que, si no realizas en orden los pasos y comienzas a entrevistar a agentes inmobiliarios, estás preparando a tu equipo para el fracaso.

Paso uno: ¿Es hora de que formes un equipo de bienes raíces?

Es posible que hayas decidido establecer un equipo inmobiliario, pero ¿es una buena decisión? Este primer paso refleja dónde te encuentras en tu carrera inmobiliaria.

En general, se acepta que, si un agente de bienes raíces administra todos los aspectos de una transacción, está restringido a 50-60 por año. Esto implica que se deben sacrificar más clientes potenciales que se pongan sobre la mesa. Cuando comienzas a sacrificar clientes potenciales porque no tienes tiempo para controlarlos o brindarles los mejores servicios, entonces es el momento de pensar en crear un equipo de bienes raíces.

Por otro lado, si realmente no has acordado ningún tipo de términos máximos de cuántas transacciones inmobiliarias puedes realizar personalmente, es posible que un equipo no sea el canal adecuado para ti todavía. En su lugar, debes concentrarte en trabajar en tu carrera de agente de bienes raíces personal porque formar un equipo no es una gran solución. Incluso si un equipo puede ayudarte a generar más clientes potenciales, primero requieren clientes potenciales para trabajar. Y se deben generar suficientes clientes potenciales donde dividir la comisión sobre ellos no sea un gran problema. En general, un equipo de bienes raíces está destinado a llevar tu negocio al siguiente paso, no a salvarlo.

Por lo tanto, ten en cuenta que un equipo inmobiliario exitoso comienza con un gran agente inmobiliario.

Incluso si tienes una cantidad decente de clientes potenciales, debes asegurarte de tener siempre suficientes listas para tu equipo. Esa es la razón por la que algunos corredores eligen la opción de comprar leads inmobiliarios.

Paso dos: Analiza tus finanzas

Una ventaja considerable de un equipo inmobiliario es que permitirá que tu negocio genere más dinero. Pero también hay un aumento de los gastos. Dado que tienes experiencia trabajando en tu mercado inmobiliario, con un poco de análisis, necesitas determinar los costos y el presupuesto requeridos.

¿Cuáles son los costos de una transacción general? ¿Cuántos crees que realmente manejarás con cada nuevo miembro de tu equipo de bienes raíces? Analiza tus finanzas cuidadosamente y asegúrate de tener una reserva de efectivo de 6 meses para cubrir tus gastos comerciales y personales. Esta es una medida que debes tomar en caso de que tengas un flujo de caja negativo con tu equipo al principio.

Asegúrate de tener un plan financiero sólido. Un problema importante con el que se encuentran muchos equipos inmobiliarios no es tener suficientes fondos para mantener. Esto se puede abordar con un poco de planificación.

Paso tres: asegúrate de que todos los sistemas relevantes estén en su lugar

Como agente inmobiliario en solitario, estás generando suficientes clientes potenciales para establecer un equipo y tienes las finanzas para comenzar a trabajar. Pero dado que este equipo de bienes raíces dependerá de ti y de las bases de tu negocio, debes confirmar que todos los sistemas relevantes están en su lugar y listos para la acción cuando se presente el equipo. Es probable que la mayoría de estos sistemas estén en orden a medida que tengas éxito en tu carrera de agente de bienes raíces. Sin embargo, asegúrate de revisarlos y confirmar que todo sea lo más completo y escalable posible.

Paso cuatro: acordar el tipo de división de comisiones

Si bien existen diferentes métodos para manejar una división de comisiones para tu negocio, las dos formas más comunes incluyen:

• **División de comisiones graduadas:** Este plan de comisión del equipo de bienes raíces requiere que la comisión de un agente se pueda repartir 50/50 al principio. Sin embargo, a medida que se acerquen a los objetivos específicos establecidos por el líder del equipo de bienes raíces, la comisión aumentará a tal vez 60/40 y así sucesivamente. Esto genera una forma de incentivo para que los miembros del equipo cumplan con los objetivos específicos necesarios para hacer crecer el negocio inmobiliario.

• **División de comisiones del 100%:** Este plan de comisión implica que cada agente inmobiliario del equipo gana el 100% de comisión sobre sus conversiones de clientes potenciales.

Si te preguntas qué camino debes tomar, comienza con la división de comisiones graduada. A medida que el equipo crezca y logre objetivos de ingresos específicos, puedes decidir cambiar a una división de comisiones del 100%.

Algunos consejos para establecer tu plan de comisiones

·   Sea cual sea el plan que elijas, mantén todo simple. Asegúrate de que cada miembro del equipo sepa por qué y cómo generan dinero y cómo pueden generar más.

·   Asegúrate de estar factorizando tu margen de beneficio primero.

·   Es bueno que un plan de comisiones sea justo y se base en la cantidad de trabajo.

Paso cinco: Desarrolla un acuerdo de equipo de bienes raíces

Cada miembro del equipo que agregue deberá saber qué se espera de ellos exactamente, su función en el equipo e incluso su posición como líder del equipo. Esta es la razón por la que debes tomarte el tiempo para crear un borrador claro y contratos de equipo detallados antes de comenzar a contratar agentes inmobiliarios. Hay plantillas en línea que puedes usar para comenzar a redactar las propias. Un acuerdo básico de equipo inmobiliario debe comprender lo siguiente:

- Un resumen de lo que se espera en términos de desempeño del miembro del equipo.
- Un plan de compensación integral que incluye cómo y cuándo el miembro recibirá la compensación.
- Deberes y responsabilidades específicas.
- Lo que está bajo la propiedad del líder del equipo inmobiliario. Actúa como protección en caso de salida.
- Estado de Empleo.

Paso seis: elige un nombre para el equipo de bienes raíces

Este es el último paso para preparar tu negocio de bienes raíces para expandirse en equipo. Elige un nombre de equipo que creas que atraerá clientes. Decide cuál será el mejor nombre para el equipo de bienes raíces y asegúrate de contar con un sitio web y páginas de redes sociales con este nombre.

Emplear miembros del equipo

Bueno, en este punto, todo está listo para el inicio de un exitoso equipo inmobiliario. Ahora es el momento de buscar personas que te ayuden a impulsar tu negocio. Recuerda que hay un momento adecuado para contratar cada uno de estos puestos, y es solo cuando la demanda lo requiere.

Paso 1: desarrollar un proceso de contratación

No debes saltar a la contratación de cualquier agente inmobiliario. Incluso si tienen un historial sólido de generar clientes potenciales y convertirlos, eso no siempre implica que serán perfectos para la cultura de tu equipo. Esa es la razón por la que muchos líderes de equipo dependen de varias pruebas y rasgos de personalidad junto con un historial de trabajo para decidir a quién contratar.

Además de seleccionar el enfoque para quién será reclutado, también debes considerar el procedimiento por el que pasarán. ¿Los entrevistarás solo o, a medida que el equipo crezca, los otros miembros también hablarán de ellos? ¿Habrá etapas separadas de la entrevista? ¿El proceso será largo o corto?

Ten en cuenta que es mejor no apresurarse a reclutar a ningún miembro. Contratar a una persona equivocada puede costarte a ti, a tu equipo y mucho tiempo. Por supuesto, hay momentos en los que te esfuerzas por hacer todo bien como líder del equipo y aun así terminas con las personas equivocadas. En tal caso, lo mejor es contratar rápido. No permitas que una mala contratación retrase a tu equipo de bienes raíces durante demasiado tiempo.

Paso 2: contrata a un asistente administrativo de bienes raíces

Quién debería ser empleado primero en un equipo de bienes raíces es una de las cosas sobre las que más se discute. Los agentes inmobiliarios experimentados te recomiendan que contrates primero a un agente del comprador. Esto se debe a que al agente del comprador siempre se le paga con una división de comisión del 50/50 y no con un salario. Y la forma en que estos profesionales dicen es que este agente de bienes raíces te permitirá convertir clientes potenciales y finalmente generar más clientes, por lo que dividirás las comisiones que no podrías obtener sin ellos de todos modos.

Pero contratar primero a un asistente de bienes raíces es un gran paso. Por un lado, se pueden contratar temprano para asegurarse de que el líder del equipo de bienes raíces reciba apoyo para preparar todos los pasos iniciales que ya revisamos con anterioridad. Además de eso, muchos equipos inmobiliarios descubren que experimentan una rotación masiva con los agentes del comprador. Estos equipos son principalmente los que no cuentan con un sistema de administración de apoyo. Por ejemplo, el administrador será responsable de llevar los contratos hasta el cierre, liberar al agente del comprador del papeleo e incluso proporcionar al agente más tiempo para cerrar más acuerdos inmobiliarios.

Además, debido a que desea que tu asistente de bienes raíces se encargue de la mayoría de tus tareas diarias, liberándolo para la generación de clientes potenciales, esta persona debe tener una licencia. Esto asegurará que se deleguen más tareas al asistente.

Si te preocupa tener que pagar el salario de este puesto, es posible que no estés en la etapa adecuada para crear un equipo de bienes raíces.

Paso 3: contrata a un agente del comprador

Con la ayuda de tu sistema de soporte administrativo, podrás generar más clientes potenciales que antes. Ahí es cuando es el momento de dar el siguiente paso y emplear a la siguiente persona de tu equipo de bienes raíces: el agente del comprador. Todos esos clientes potenciales que llegaron, pasarán al agente del comprador. Las responsabilidades principales de este agente incluirán la conversión de clientes potenciales, mostrar propiedades y ocuparse de todas las necesidades del comprador, presentar ofertas y prospectar tanto para el vendedor como para el comprador.

Aunque puede resultar tentador contratar a un nuevo agente que puedas capacitar para que haga las cosas a tu manera, es realista ir con un agente inmobiliario experimentado. Con todos los sistemas en su lugar y el soporte administrativo, un agente de compradores con experiencia logrará manejar el objetivo esperado de clientes potenciales establecido por el líder del equipo. No olvides que un equipo inmobiliario exitoso comienza con un gran agente inmobiliario.

Paso 4: contrata a un agente de ventas interno

Dado que tú y el agente del comprador generarán clientes potenciales, finalmente llegará un momento en que sus placas estén llenas y querrá presentar a su próximo empleado: el agente de ventas interno. Este agente es responsable de generar nuevos clientes potenciales, manejar los clientes potenciales entrantes de las señales de llamada y otras fuentes, además de la conversión de clientes potenciales.

Hay tres categorías de agentes de ventas internos:

• **Saliente:** En este rol, el agente es responsable de generar clientes potenciales a partir de inmuebles vendidos por el dueño, listados vencidos, recién vendidos, fincas geográficas, etc. El agente, en este caso, tiene que estar familiarizado y hacer llamadas en frío.

- **Entrante y saliente:** Un agente de ventas interno a veces elige la combinación de ambos roles.

Inicialmente, podría parecer sensato contratar a un agente de ventas interno para que asuma ambas funciones. A medida que tu equipo se expande, puedes dividir las tareas entre dos agentes de ventas internos.

Paso 5: contrata a un agente de listados

Como agente principal de tu equipo, una de las principales responsabilidades será encargarse de los listados. Sin embargo, incluso con el resto de los miembros desempeñando otros roles, llegará un momento en el que tendrá todos los listados que pueda manejar. Ahí es cuando es el momento de contratar a un agente de cotización.

En este punto, tendrá todos los roles principales ocupados en tu equipo de bienes raíces. Finalmente, a medida que tu negocio crezca, puedes optar por contratar más agentes de compradores dentro de tus agentes de ventas. También puedes tener en cuenta otras funciones, como un director de marketing, asistentes personales y coordinador de transacciones.

Manejando a tu equipo

En esta etapa, tu equipo tiene todo lo que necesita para tener éxito, pero todo dependerá de tu potencial para ser un gran líder. Aunque esta podría ser la primera vez que ocupas este puesto, es fundamental que hagas todo lo posible para ofrecer un sistema de apoyo y ayudar a tu equipo. Comunicarse e interactuar con cada miembro del equipo es vital. Encuentra métodos para motivar a todos, asegúrate de monitorear el progreso de cada agente y felicita cuando sea necesario. No temas delegar, después de todo, esa es la razón por la que has desarrollado tu equipo inmobiliario.

Y recuerda, siempre tendrás que estar al tanto de proporcionar clientes potenciales para tu equipo.

¿Debería tener un compañero o hacerlo yo mismo?

Invertir con un socio en bienes raíces, más aún en propiedades residenciales, siempre puede ser atractivo como una empresa comercial debido a los muchos beneficios, como las responsabilidades compartidas.

Entrar en una sociedad de inversión inmobiliaria es un medio poderoso de inversión inmobiliaria para principiantes, pero no solo para ellos. La mayoría de los principales inversores inmobiliarios consideran que comenzar una asociación de inversión inmobiliaria es una oportunidad muy exitosa para comprar una propiedad de inversión y optimizar los rendimientos al tiempo que se reducen los costos.

Si bien las asociaciones pueden ser emocionantes, debes proceder con precaución. Las asociaciones de inversión inmobiliaria son como comenzar en cualquier otro negocio y deben tratarse como tales. Esto es aún más esencial a tener en cuenta cuando te asocias con familiares o amigos.

Antes de decidir asociarse, pregúntate: "¿Por qué estoy haciendo esto?" Debe haber un beneficio significativo y fácil de seleccionar al invertir con un socio en lugar de invertir por tu cuenta. Puede ser cualquier número de elementos, pero si no puedes resaltar lo que es, probablemente un socio no sea perfecto para la oportunidad específica que tienes en mente.

Aunque algunas asociaciones se establecen sobre la base de la conveniencia y la relación, una sociedad creada por necesidad y practicidad tiene una probabilidad considerable de éxito. La mayoría de las asociaciones deberían tener algún tipo de consideración financiera u operativa como elemento impulsor de su formación.

Consideraciones financieras

Cuando se trata de inversiones inmobiliarias, las limitaciones financieras suelen ser el obstáculo más importante que hay que superar. Hay muchas oportunidades en el mercado, pero no hay suficientes personas para financiarlas. ¿Deberías permitir una gran oportunidad de seguir ese camino simplemente porque no tienes suficiente dinero? Lo más seguro es que si las probabilidades son buenas como crees, entonces los posibles socios podrían estar disponibles.

Aun así, en los casos en que un inversionista tiene el capital necesario para financiar la inversión por su cuenta, las asociaciones pueden eliminar el riesgo de usar todo su dinero.

En resumen, hacerlo tú mismo puede no ser el mejor movimiento, especialmente cuando no tienes la capacidad financiera.

Mentores de inversiones inmobiliarias

La inversión inmobiliaria puede resultar muy frustrante, especialmente para los nuevos inversores. Hay tantas cosas que necesitas aprender y tantas preguntas que necesitas para encontrar las respuestas. ¿Por dónde empezar a buscar una propiedad de alquiler? ¿Qué tipo de propiedad de inversión se adapta a tus necesidades financieras?

Es fácil perderse entre una gran cantidad de opciones y ni siquiera estás seguro de cuál es la adecuada. Es por eso que se aconseja a los inversores inmobiliarios que tengan el mentor adecuado a su lado para guiarlos en el camino. Durante décadas, la gente ha estado invirtiendo en bienes raíces, y si se le ofrece la oportunidad de aprender de alguien que ha logrado lo que sueña lograr, no dudes de la idea de tener un mentor de inversiones en bienes raíces.

Solo es evidente para los inversores inmobiliarios sin experiencia pensar en cómo identificar al mejor mentor de inversiones inmobiliarias. Independientemente de la experiencia que tengamos en un campo determinado, siempre buscamos más formas de adquirir conocimientos adicionales. Obtener más conocimiento y mirar desde un ángulo diferente nos ayuda a eclipsar nuestro éxito hasta el límite más alto. Incluso los inversores productivos actuales nunca se sienten cómodos con su conocimiento existente del mercado de la vivienda y están continuamente buscando medios para aprender más.

Es probable que conseguir un mentor de inversiones inmobiliarias te ayude a alcanzar tus objetivos como inversor inmobiliario. Un mentor debe ser una persona que pueda enseñarte los medios mejores y más profesionales para hacer las cosas. Eso nos lleva a la pregunta de quién se define como mentor inmobiliario.

Bueno, un mentor de bienes raíces es una persona que trabaja contigo personalmente para cerrar tratos en propiedades de inversión. Comparten contigo su experiencia, conocimientos y los diferentes enfoques que utilizan. Te ofrecen asesoramiento sobre inversiones inmobiliarias a partir de sus experiencias. Entonces, es bastante obvio tener una persona que te guíe y ayude, particularmente si eres nuevo en la industria.

Pero no creas que un mentor de inversiones inmobiliarias hará la tarea por ti. Solo están ahí para asesorarte, y depende de ti implementar el trabajo real. Algunos piensan que un mentor debería ser un guía que te ayude cuando estás estancado, y otros quieren que un mentor realice todo el trabajo por ellos. Todavía hay quienes piensan que un mentor les dirá exactamente qué hacer en todo momento, y cuando no lo entienden, se dan por vencidos. Por lo tanto, no te confundas entre cuál es la tarea de un mentor y cuál es su función. Obtén un mentor de inversiones inmobiliarias que satisfaga tus necesidades específicas.

¿Cómo identificar al mejor mentor de inversiones inmobiliarias?

Hay pasos específicos que deberás completar para identificar un mentor de inversiones inmobiliarias que conducirá tu carrera al siguiente nivel.

1. Primero busca establecer qué es lo que deseas y esperas lograr.
2. Luego, debes confirmar si tu visión tiene requisitos para cumplir los objetivos.
3. También debes estar seguro de la cantidad de riesgo que puedes manejar porque la inversión en bienes raíces puede ser arriesgada.
4. Cuando buscas a tu mentor de inversiones inmobiliarias, asegúrate de encontrar una persona que sea respetuosa contigo como lo es con ellos.
5. Por último, tú y tu mentor de inversiones inmobiliarias deben tener el mismo objetivo en mente. Sus metas deben ser iguales.

¿Cuatro preguntas que debes hacer antes de seleccionar un mentor de bienes raíces?

1. **¿Qué habilidades necesita alguien para alcanzar el máximo rendimiento en el sector inmobiliario?**

Esta es una pregunta crítica porque determinará el conocimiento del mentor sobre las ventas de bienes raíces. La respuesta debe tocar las ventas de bienes raíces, como los diferentes enfoques de uso, cómo controlar los ingresos y los gastos. En caso de que den una respuesta no relacionada a la pregunta formulada, entonces puedes asumir que no tienen la experiencia suficiente para ser tu mentor de inversiones inmobiliarias.

2. **¿Qué recursos están disponibles que asegurarán mi crecimiento y éxito?**

Dependiendo de tu mentor de bienes raíces y de los consejos que ofrecen, no es la respuesta para mejorar tus habilidades. Tu mentor debe sugerir sus seminarios, talleres, sitios web y diferentes oportunidades profesionales. Estos recursos deberían ayudarte a mejorar tus habilidades y tener éxito de manera independiente en el sector inmobiliario.

3. **¿Qué experiencias te han ayudado a crear las habilidades deseadas para tener éxito?**

Debes preguntar a tu mentor de bienes raíces qué experiencias vivió que le permitieron tener éxito y los problemas que experimentó. Escuchar sus propias experiencias te permitirá aprender de sus errores. Averigua con tu mentor qué éxitos disfrutó más y qué fracasos tuvo. Este tipo de pregunta creará un vínculo más estrecho entre los dos.

4. **¿Cuáles son tus metas y cómo planea abordarlas?**

En caso de que tu inversor inmobiliario pueda proporcionar una respuesta clara y una estructura pensada para tus objetivos, entonces has encontrado el mejor mentor de inversión inmobiliaria. Necesita escuchar tus metas y su plan para lograrlas porque esa es la misma estrategia que necesita para poner en marcha tu carrera.

La línea de fondo

Tener un mentor a tu lado es vital para todo inversor que se inicia en la inversión inmobiliaria. Puedes perderse entre todas las latas, las hipocresías y las hipótesis en el sector inmobiliario, pero cuando tienes un mentor experimentado y exitoso, duplicará tus posibilidades de éxito. Un mentor es una forma poderosa de ayudarte a aprender de los errores de otras personas y sobresalir de la multitud.

Redes inmobiliarias

Tanto si eres nuevo en el sector inmobiliario como si eres un agente experimentado, probablemente conozcas la necesidad de establecer contactos inmobiliarios. Conocer caras nuevas y hablar de tu negocio con otros no solo es crucial para un enfoque exitoso de generación de leads, sino también para obtener referencias. Después de todo, los bienes raíces son un negocio de personas. Como tal, aprender a conectarse correctamente es vital para todo agente inmobiliario.

A continuación, se ofrecen algunos consejos sobre redes inmobiliarias.

Dónde conectarse

Cualquier lugar que una a diferentes miembros de la industria o posibles clientes puede verse como una oportunidad para establecer contactos inmobiliarios. Los eventos benéficos locales, las conferencias de la industria, las reuniones de grupos de miembros y las conferencias de la industria pueden crear oportunidades relevantes para que los agentes de bienes raíces aprovechen al máximo su tiempo, generalmente con miles de contactos potenciales reunidos en un solo lugar.

Si los participantes han pagado para asistir a un evento de networking, es incluso mejor. Esto se debe a que las personas que pagan para participar en una red de agentes de bienes raíces son más serias y tienen más probabilidades de estar abiertas a hablar con otros miembros de la industria.

Además, es posible que desees establecer tus propios eventos u organizar un seminario. Aunque pueden requerir mucha planificación, generalmente valen la pena el tiempo y esfuerzo, ya que las personas se prepararán para hablar contigo después del evento si lo haces bien.

Ten en cuenta que la creación de redes de bienes raíces se trata de interacción. Por lo tanto, intenta participar en una conversación con tantas personas como te sea posible e intercambia tarjetas de presentación con aquellos con quienes hables. Además, trata estos eventos como oportunidades para aprender sobre la nueva información del mercado y las innovaciones que están utilizando tus colegas.

Redes inmobiliarias con las personas adecuadas

El consejo más importante para los agentes de bienes raíces es establecer contactos con un grupo diferente de personas en la industria, no solo con otros agentes y clientes potenciales. Una red de agentes de bienes raíces que involucre a personas competentes y confiables es esencial para el éxito de tu carrera como agente de bienes raíces.

Aparte de los expertos con los que trabajas y colaboras, también es bueno establecer relaciones y conexiones con personas y empresas de tu comunidad con las que no compite. Por ejemplo, incluye contratistas, abogados de bienes raíces, prestamistas y desarrolladores. Digamos que tu cliente no está familiarizado con el proceso de préstamos hipotecarios. Si tiene un prestamista honesto en tu plantilla, puedes conectarlo con tu cliente. Esto te asegura cerrar tratos rápidamente y te proporciona una reputación como un agente inmobiliario atractivo.

Redes inmobiliarias en línea

Si bien las interacciones personales son las mejores para crear una red de agentes inmobiliarios, las redes sociales también son una gran herramienta para establecer conexiones. Los agentes inmobiliarios exitosos utilizan aplicaciones sociales como Twitter, Facebook y LinkedIn para colaborar con otros usuarios, compartir contenido con el que las personas pueden interactuar y promocionar sus propiedades en un formato que se puede compartir fácilmente. Cuando estás interactuando con el contenido de otras personas, tienes la oportunidad de conocerlos y establecer vínculos más fuertes para cuando los conozcas en persona.

Los agentes inmobiliarios también deben aprovechar los clientes actuales y potenciales que han conocido solicitando seguirlos en las redes sociales. Una vez conectado, es bueno hacer un seguimiento, como algunas de sus fotos, comentar sus publicaciones y comunicarse con ellos por correo electrónico o enviarles un mensaje a través de la plataforma de redes sociales, y solicitar una reunión en persona. Aunque la creación de redes de bienes raíces en línea tiene sus ventajas, una reunión cara a cara es crucial si deseas cerrar un trato rápidamente.

Domina las técnicas de escucha

Convertirse en un agente exitoso no implica que tengas que hablar todo. De hecho, escuchar es una habilidad excelente para que cualquier agente inmobiliario gane más ventas. Ya sea que estés hablando con compradores o en un evento de redes inmobiliarias, no escuchar significa que se estás perdiendo un conocimiento valioso que es fundamental para las personas con las que te estás comunicando.

Además, la mayoría de la gente piensa que el objetivo de una red de agentes de bienes raíces es obtener tantas referencias o reunir tantos números de teléfono como sea posible. Sin embargo, eso puede desesperarte. En su lugar, debes proponerte ayudar y construir relaciones comerciales significativas, proporcionar referencias en lugar de pedir referencias.

Además, puedes ser un agente inmobiliario más exitoso cuando solicitas a las personas sus tarjetas de presentación, en lugar de darles la tuya. Esto te brinda la oportunidad de comunicarte con ellos y continuar creando una conexión. Pero, si tu objetivo es repartir tantas tarjetas como sea posible, puedes terminar esperando llamadas que tal vez nunca lleguen.

La conclusión es que la creación de redes de bienes raíces es excelente para tu carrera de agente. Es un factor esencial para el éxito de tus ventas y es uno de los mejores métodos para salir adelante y establecer una relación duradera. También te ayuda a aprender de los miembros de la industria y mejorar tu perfil y enfoques para generar clientes potenciales y cerrar más acuerdos.

Entidades

La inversión inmobiliaria es un negocio. Aunque es posible que los inversores inmobiliarios individuales no sientan que pertenecen a la empresa, normalmente lo son. Como en cualquier otra industria, el negocio inmobiliario se puede clasificar en estructuras separadas.

Las empresas inmobiliarias identifican estas estructuras no solo para satisfacer sus necesidades comerciales, sino también por los beneficios. El plan más común para un negocio inmobiliario es la sociedad de responsabilidad limitada inmobiliaria. El título por sí solo es suficiente para convencer a los inversores inmobiliarios de que se unan, pero es fundamental comprender las principales ventajas y desventajas de una sociedad de responsabilidad limitada (LLC) inmobiliaria para saber si es perfecta para el negocio inmobiliario.

LLC

Cuando los inversores inmobiliarios crean una sociedad de responsabilidad limitada inmobiliaria, esta se convierte en su propia entidad jurídica. En otras palabras, la LLC inmobiliaria puede tener su propia cuenta bancaria, tener su propio número de identificación fiscal y realizar negocios de inversión inmobiliaria, todo bajo su propio nombre. Una LLC de bienes raíces es responsable entonces de todas sus propias "acciones".

Ventajas de una LLC

- Protege los activos personales
- Beneficios fiscales
- Disminución de la responsabilidad del propietario
- Sin pautas estrictas

Contras de LLC

- Cargos adicionales por establecer una LLC
- LLC se disuelve con quiebra

Corporación S

Las corporaciones S son mucho más simples que las corporaciones C y, por lo tanto, más baratas de operar. Son menos flexibles en comparación con las LLC, pero tienen una ventaja principal: los dividendos están excluidos de los impuestos a la seguridad social si a los propietarios de una Corporación S se les paga una cantidad razonable.

Capítulo 5: Mercados de inversión inmobiliaria

Aprender a investigar los mercados inmobiliarios es una habilidad importante.

Terrenos

Invertir en terrenos es una inversión sólida porque la oferta es limitada, ya nadie produce. Si bien el crecimiento de la población tiende a garantizar que los precios de la tierra subirán, lo que la convierte en una excelente inversión, debes tener cuidado y seguir un procedimiento para la compra. Los terrenos también pueden actuar como una gran inversión para una cuenta de jubilación individual. Los terrenos son una de las mejores inversiones disponibles. Siempre valdrá la pena, y hay pocas posibilidades de que alguien robe. Un terreno es una propiedad sin desarrollar, sin edificios u otras estructuras, todavía está en su estado natural. Si estás pensando en invertir en él, la táctica no consiste en comprar a un precio alto, sino en vender en el mejor momento por un precio excelente.

La inversión en terrenos es para personas que pueden permitirse esperar años hasta que una persona venga a pedir la propiedad. No es una gran idea para las personas que desean realizar un cambio rápido o generar un flujo de ingresos instantáneo.

En general, los terrenos son una inversión significativa a largo plazo.

Ubicación de la propiedad

El valor de los terrenos aumenta a un ritmo más rápido en el centro de una ciudad en desarrollo o alrededor del perímetro de las ciudades. Sin embargo, cualquier terreno en bruto en un lugar dado que revele el crecimiento de la población merece una consideración de inversión porque este crecimiento atrae a los desarrolladores. La noción de invertir en terrenos es seleccionar la propiedad que aumentará de valor y atraerá a un comprador que pagará más por ella en el futuro.

¿Terreno o propiedad desarrollada?

Invertir en terrenos es menos costoso que comprar bienes raíces desarrollados en la misma área porque hay desarrollos en los terrenos. Pero los bancos son de alguna manera cautelosos a la hora de liberar dinero para ellos, ya que no se utilizan para ningún propósito de generación de ingresos y siempre exigirán un pago inicial más alto, a veces el 50 por ciento de la compra de tierras.

Casas Unifamiliares

Hoy en día, todo el mundo habla de viviendas unifamiliares y cómo pueden ser las mejores inversiones inmobiliarias. Muchos inversores inmobiliarios han optado por ellos en comparación con otros tipos de propiedades de inversión porque pueden generar un mayor flujo de efectivo, crear grandes cantidades de riqueza y generar una mayor ganancia en la inversión.

En 2020, el mercado de alquiler unifamiliar será excelente. La demanda de propiedades de alquiler unifamiliares está aumentando, y cada vez más personas optan por alquilar propiedades en lugar de poseerlas. De hecho, la tasa de propiedad de vivienda en los EE. UU. Ha estado disminuyendo desde 2005. Este es el momento adecuado para invertir en viviendas unifamiliares.

Sin embargo, algunos inversores inmobiliarios principiantes asumen que cualquier vivienda unifamiliar constituye un gran negocio inmobiliario. Lo que no entienden, en cambio, es que se deben considerar varios factores para garantizar una inversión exitosa en una vivienda unifamiliar. Por lo tanto, los inversionistas primerizos son vitales para considerar estos factores antes de poder invertir en viviendas unifamiliares.

Ubicación

Como cualquier otra propiedad de inversión, el factor más crítico que debes considerar antes de lanzarte a la venta de viviendas unifamiliares es la ubicación. Los inquilinos buscarán su casa según la ubicación, por lo que invertir en una ubicación incorrecta puede ser un error costoso.

Las viviendas unifamiliares se alquilan a familias con niños; por lo tanto, debes asegurarte de que la vivienda en la que deseas invertir esté ubicada en un lugar que satisfaga todas las necesidades de una familia. Los inquilinos con niños querrían vivir en un lugar seguro, un área que tenga excelentes escuelas y que no esté lejos de centros de salud, centros comerciales y espacios recreativos.

Antes de invertir en viviendas unifamiliares, también debes asegurarte de buscar áreas que sean aptas para propietarios e inversores. También es importante mencionar que los mejores lugares para invertir en viviendas unifamiliares son lugares donde los impuestos a la propiedad de inversión no son muy altos y el seguro de propiedad de inversión es bueno. Otra cosa a considerar es que, si alguna vez decides publicar tu propiedad de inversión en plataformas de alquiler a corto plazo como Airbnb, asegúrate de buscar ubicaciones donde sea legal operar este tipo de alquiler.

Rentabilidad

En la inversión inmobiliaria, debes generar dinero invirtiendo en propiedades de flujo de efectivo positivo. Una inversión inmobiliaria se considera exitosa cuando genera rendimientos positivos. Esto se realiza cuando tus ingresos superan tus gastos, es decir, cuando generas ganancias.

Al optar por invertir en viviendas unifamiliares, un inversor adquiere un alto flujo de caja. Los rendimientos que se obtienen al invertir en alquileres unifamiliares tienden a ser más altos que otros tipos de propiedades de alquiler, como apartamentos y casas multifamiliares. La razón principal de esto es que los inquilinos a menudo son los que están a cargo de todos los pagos de servicios públicos en propiedades independientes. Esta no es la situación para todas las demás propiedades de alquiler, donde el propietario paga el agua, a veces incluso las facturas de gas y electricidad. Además de eso, las viviendas unifamiliares generalmente tienen impuestos a la propiedad y tasas de seguro más bajas porque solo cuentan como una sola unidad de vivienda. Dicho esto, si estás invirtiendo en viviendas unifamiliares, tienes una menor cantidad de gastos que manejar, por lo tanto, disfrutar de un mayor retorno de la inversión.

Pero para asegurarse de que tu propiedad disfrute de un flujo de caja positivo, es bueno que realices un análisis de la propiedad de inversión antes de invertir en una vivienda unifamiliar.

Precio de compra

La principal preocupación de los inversores inmobiliarios es el dinero. Al buscar una propiedad de inversión, lo primero que un inversor comprobará es el precio para determinar si puedes comprarla. La mayoría de la gente opta por invertir en viviendas unifamiliares porque son más baratas que otras propiedades de inversión. Debido a su tamaño más pequeño, los precios de las viviendas unifamiliares siempre se establecen a precios más bajos independientemente de factores como el área, la edad y el mantenimiento. Esto los convierte en un buen negocio para muchos inversores, especialmente los inversores primerizos que desean comprar su primera propiedad de inversión. Y como las viviendas unifamiliares son más baratas, son más fáciles de comprar. De hecho, puedes adquirir un préstamo del banco más fácilmente cuando realizas este tipo de compra.

Por lo tanto, si eres nuevo en el sector inmobiliario, invertir en viviendas unifamiliares puede ser la mejor opción para ti. Pero es bueno que investigues todos los diferentes enfoques de financiamiento de propiedades de inversión para que puedas elegir el que más te convenga.

Valoración de la propiedad

Una de las ventajas de invertir en bienes raíces es la capacidad de generar dinero a través de la apreciación. Muchos inversores deciden comprar una propiedad inmobiliaria para venderla a un precio más alto en el futuro.

Para la mayoría de los inversores inmobiliarios, las viviendas unifamiliares son el mejor tipo de propiedad de inversión. Cuando se comparan los valores de reventa, parece que las viviendas unifamiliares independientes tienden a aumentar más que otras formas de propiedades inmobiliarias. De hecho, ven más demanda y esto se traduce en altas tasas de apreciación.

Por esta razón, los inversionistas necesitan buscar viviendas unifamiliares que se encuentren en lugares que registran un auge económico, donde la población está aumentando, los negocios van bien, los proyectos de desarrollo se organizan, mientras que la tierra y la vivienda escasean. Si consideras todos estos factores, tienes la garantía de beneficiarte de la apreciación masiva de los bienes raíces al invertir en viviendas unifamiliares.

Inquilinos

Los inquilinos juegan un factor importante en el éxito de una inversión inmobiliaria. El sueño de todo inversor inmobiliario es identificar buenos inquilinos que paguen el alquiler a tiempo y causen pocos problemas o ninguno.

La gran noticia para quienes invierten en viviendas unifamiliares es que tienen una alta probabilidad de trabajar con inquilinos de bajo riesgo. Los inquilinos que deciden vivir en viviendas unifamiliares son más estables y responsables que los que viven en un apartamento. Esto se debe a que las personas que alquilan una casa unifamiliar tienden a quedarse más tiempo y, como resultado, no tendrá que lidiar con la rotación, las habitaciones vacías o las numerosas visitas de posibles inquilinos. También es probable que cuiden bien la propiedad, ya que la manejarán como si fuera su propia casa. Entonces puedes esperar menos daños a tu propiedad.

Por esa razón, invertir en viviendas unifamiliares puede brindarte confiabilidad y estabilidad, y puede ayudarte rápidamente a cumplir tus objetivos de inversión a largo plazo.

Pero todo es posible; No siempre puede estar seguro de que el arrendatario de tu vivienda unifamiliar sea bueno. Esa es la razón por la que debed confirmar que estás obteniendo el mejor inquilino. Es fundamental revisar a cada posible inquilino a fondo. Realiza una investigación de antecedentes y crédito para verificar que tu inquilino pueda pagar la propiedad de alquiler y que no participe en ninguna actividad criminal. También es una buena medida ponerse en contacto con su empleador para verificar su empleo y llamar a sus propietarios anteriores para averiguar si han pagado todo el alquiler. Aún puedes contratar una empresa de administración de propiedades de alquiler para que haga todo el trabajo por ti, pero date cuenta que esto conlleva algunas tarifas. De cualquier manera, la selección adecuada garantizará que evite muchos problemas al invertir en viviendas unifamiliares.

Comodidades

La apariencia física y las características de la propiedad son esenciales para atraer inquilinos. Cuando las personas buscan una propiedad para alquilar, toman su decisión en función de las comodidades que ofrece la propiedad, como la cantidad de baños, lugares de estacionamiento y dormitorios, etc.

Como se dijo anteriormente, muchas viviendas unifamiliares se alquilan a familias a largo plazo. Su principal ventaja es que brindan más privacidad que cualquier otro tipo de propiedad. Las familias pueden sentir cierta sensación de libertad y no tienen que preocuparse por sus vecinos de arriba, especialmente si tienen niños que hacen ruido todo el tiempo. Además de eso, las casas unifamiliares casi siempre tienen un patio donde los niños pueden jugar. Si puede obtener una propiedad con jardín o una estructura de juegos, eso es aún mejor porque hace que la propiedad sea aún más atractiva para las familias.

Por lo tanto, antes de comprar una vivienda unifamiliar, debes asegurarte de identificar una que tenga una buena cantidad de comodidades. Ten en cuenta que las personas que buscan viviendas unifamiliares en alquiler medirán las características físicas de las propiedades. Cuantas más instalaciones tengas, mejor. De esta manera, puedes cobrar más a tus inquilinos.

En resumen, las viviendas unifamiliares tienen muchas ventajas que las hacen destacar como las mejores propiedades de inversión. Pero los inversores inmobiliarios deben considerar todos los factores enumerados anteriormente antes de realizar cualquier movimiento para optimizar sus posibilidades de obtener un gran negocio inmobiliario.

Pequeña multifamiliar

Esto incluye duplex, triplex y cuadruplex. Las casas unifamiliares se crean para una familia, pero las casas multifamiliares pequeñas se desarrollan para: familias múltiples y más pequeñas. Por lo general, se trata de "conjuntos" de casas familiares de 2 dormitorios / 2 baños que están todos vinculados entre sí como un solo edificio con diferentes paredes y puertas para mayor privacidad. Los inversionistas que prefieren este tipo de bienes raíces generalmente compran o construyen estas pequeñas propiedades multifamiliares y alquilan cada unidad a una familia diferente. Por ejemplo, el propietario de un dúplex tendrá dos "familias" o inquilinos separados viviendo en el edificio. Cada familia pagará al propietario un alquiler mensual.

Otra forma en que los inversores generan dinero a partir de pequeñas casas multifamiliares es "piratear la casa" o vivir en un lado y alquilar el otro. Por ejemplo, si un inversor de bienes raíces acaba de comprar un tríplex (casa multifamiliar de 3 unidades), puede decidir vivir en una de las unidades y alquilar las otras dos. Muchos inversores prefieren este método porque les ayuda a comprar una propiedad para vivir e invertir simultáneamente. Además, las pequeñas inversiones multifamiliares les permiten reunir una gran cantidad de dinero total del alquiler sin la necesidad de comprar varias casas.

Grandes casas multifamiliares

Esto incluye viviendas multifamiliares de más de cuatro unidades, pero por lo general, este es solo el término elegante para "edificios de apartamentos". Los edificios de apartamentos no son tan difíciles de invertir como la gente piensa. Si bien es poco probable que tenga el tiempo o el dinero para comprar un edificio de apartamentos completo por su cuenta, en la mayoría de los casos, las personas invierten con otras personas. De hecho, la mayoría de los edificios de apartamentos pertenecen a un grupo de personas. Cuando las personas deciden juntar su dinero para invertir en un apartamento como grupo, generalmente nos referimos a eso como una "distribución de bienes raíces".

En las inmobiliarias, tienes socios generales y socios limitados. Los socios generales trabajan como "inversores activos" y son personas que buscan potenciales edificios de departamentos para comprar, evaluar las propiedades y obtener el financiamiento del banco. Los socios comanditarios trabajan como "inversores pasivos" y son los individuos que ponen parte de su dinero en el trato y dejan todos los detalles a los socios generales.

En general, los socios generales y los socios limitados invierten en edificios de apartamentos y tienden a obtener grandes beneficios.

Los detalles de las empresas inmobiliarias pueden ser un poco complejos, pero normalmente los inversores generan dinero comprando edificios de apartamentos infravalorados. Después, aumentan el valor de estos apartamentos al mejorarlos y aumentar el alquiler mensual. Después de varios años, los inversores venderán el edificio a un precio más alto o lo refinanciarán con el banco. De cualquier forma, los inversores generan beneficios.

Edificios comerciales

Este tipo de bienes raíces se refiere a centros comerciales, almacenes o locales comerciales. Los inversores compran estos edificios o los construyen y luego los alquilan a empresas o propietarios de negocios que necesitan espacio. Es lo mismo que alquilar una casa. En lugar de que sus inquilinos sean personas conocidas que desean vivir en el área, sus inquilinos son propietarios de negocios que desean el espacio para vender productos a los consumidores.

El contrato de arrendamiento que firman los inquilinos para alquilar un espacio en estos edificios es por un período más prolongado, y el propietario de la empresa generalmente se encarga de la mayoría de los problemas de mantenimiento y repara él mismo cada vez que se obstruye el inodoro. Por lo tanto, ser propietario de estos edificios te brinda la confianza suficiente de que recibirás tu alquiler mensual siempre y requiere menos molestias.

El inconveniente es que estos edificios son caros de comprar. A diferencia de los edificios de apartamentos, no hay muchas distribuciones disponibles. Los inversores suelen comprar el edificio por su cuenta o con pocos socios, lo que les puede costar cientos de miles de dólares.

Casas móviles y parques de casas móviles

Cuando hablamos de inversión inmobiliaria, casas móviles y casas móviles, los parques no son lo primero que se nos viene a la mente. Por eso es fundamental explicar cuáles son antes de proceder a discutir cómo invertir en ellos.

Una casa móvil es un tipo de vivienda formada por una estructura prefabricada, desarrollada sobre un chasis conectado permanentemente, que luego se transporta a un sitio. Una casa móvil se puede construir en un lugar determinado para siempre o de forma semipermanente o también se puede mover. Aunque las casas móviles pueden tener muchas desventajas en comparación con las casas estándar, su ventaja más significativa es que son bastante baratas. Las casas móviles aún se pueden usar como vivienda permanente, casa de vacaciones o como propiedad de alquiler. Comprar y administrar una casa móvil como propiedad de ingresos tiene muchos altibajos.

Por otro lado, un parque de casas móviles es un área permanente para casas móviles. Proporcionan las mejores oportunidades para las personas y los hogares menos ricos para las personas que se mudan con frecuencia.

¿Por qué las casas móviles y los parques de casas móviles están entre los mejores del mercado estadounidense?

A pesar de las percepciones negativas individuales, las casas móviles y los parques de casas móviles han ganado mucha popularidad en los Estados Unidos en las últimas décadas. Esto es cierto tanto en términos de inversión inmobiliaria como de vivienda. Pero, ¿por qué tanta gente preferiría vivir en una casa o propiedad de alquiler prefabricada adjunta permanentemente? La respuesta es asequibilidad. Las casas móviles cuestan solo una fracción del precio de las casas estándar, lo cual es una ventaja considerable en una comunidad donde muchas personas se ven obligadas a vivir con 20 mil dólares o menos al año.

REIT

Esto es cuando las personas ponen una cierta cantidad de efectivo en un fondo sustancial para invertir con otras personas. A diferencia de las empresas inmobiliarias, los administradores de estos fondos usan ese efectivo para invertir en diferentes negocios inmobiliarios, no solo en un solo gran negocio. Estos fondos se gestionan a través de empresas, de ahí el nombre de fideicomisos de inversión inmobiliaria (REIT).

A través de los REIT, las personas invierten en más negocios inmobiliarios de los que hubieran podido hacer por su cuenta. Por lo tanto, los REIT permiten a los inversores diversificar sus inversiones y protegerlos del riesgo. Si un solo acuerdo de bienes raíces no funciona, entonces pueden depender de otros acuerdos en el fondo para evitar perder dinero. La mayoría de la gente prefiere invertir en bienes raíces usando REIT porque es pasivo. No es un arrendador; no necesita hacer reparaciones ni cobrar el alquiler. Solo necesita poner su dinero en el REIT y permitir que el administrador del fondo maneje todos los detalles.

En conclusión, se trata de muchos tipos diferentes de mercados inmobiliarios. Tu primer paso como inversor inmobiliario debe ser familiarizarte con cada uno de ellos para poder seleccionar la mejor opción para ti. Puedes comprar un terreno para construir o comprarlo con planes de venderlo a otra persona. Puedes concentrarte en casas unifamiliares y alquilarlas, comprarlas al por mayor y venderlas a otra persona por un precio más alto, o arreglarlas y darle la vuelta. Puedes intentar alquilar pequeñas ofertas multifamiliares o concentrarte en edificios de apartamentos a través de inmobiliarias. Una vez que generes una cantidad decente de efectivo, es posible que desees sumergirte en edificios comerciales e industriales que puedas alquilar a otros propietarios de negocios. Si vas a volverte más pasivo e invertir parte del dinero de jubilación que obtuviste de tu trabajo,

Como puedes ver, hay muchas formas de invertir en bienes raíces. Estas son solo algunas de las técnicas clave. Todo lo que necesitas hacer es seleccionar el que mejor se adapte a tu estilo de vida y objetivos.

Capítulo 6: Estrategias de inversión inmobiliaria

La inversión inmobiliaria proporciona diferentes estrategias de inversión inmobiliaria que se adaptan a las necesidades de varios inversores inmobiliarios. La estrategia de inversión inmobiliaria adecuada para ti depende de la cantidad de dinero que estés dispuesto a invertir y del tiempo. Más importante aún, tus objetivos de inversión inmobiliaria a largo plazo. Este capítulo se centrará en las diferentes estrategias de inversión inmobiliaria que puedes utilizar para comenzar. Sigue escuchando para aprender más.

Comprar y retener

Si estás ingresando al sector inmobiliario por primera vez, querrás aprender sobre una de las mejores estrategias en la industria: la estrategia de inversión inmobiliaria de compra y retención. Exploremos los detalles de esta estrategia de inversión a largo plazo.

Comprar y mantener es una de las estrategias de inversión más populares y es ampliamente considerada como el mejor método para diversificar cualquier cartera de inversiones. La estrategia de inversión inmobiliaria de compra y retención es precisa como su nombre lo indica; es un medio de comprar una propiedad de inversión para mantenerla durante un período de tiempo determinado, generalmente cinco años o más. Por lo tanto, no estás comprando, cambiando y vendiendo instantáneamente una propiedad de inversión para obtener una ganancia rápida. Aunque al comprar y mantener los inversores de bienes raíces tal vez puedas querer vender tus propiedades de inversión, pero eso es más en el futuro.

Durante el período de "tenencia", la propiedad de inversión se define como un alquiler. El alquiler de la propiedad es donde entra en juego el beneficio de la inversión. Si la estrategia de inversión de compra y retención de bienes raíces se realiza correctamente, puedes obtener ganancias a corto plazo a través del flujo de caja positivo y la apreciación de bienes raíces a largo plazo.

La estrategia de compra y retención de bienes raíces depende de cómo invertirás en bienes raíces si eres un principiante. Esto se debe a que es uno de los enfoques más sencillos para los inversores por primera vez, en comparación con la estrategia de reparación y cambio, que exige experiencia para identificar las propiedades en dificultades adecuadas. También es una técnica preferida entre los inversores inmobiliarios experimentados que desean crear riqueza a lo largo del tiempo a partir de la acumulación de capital y la apreciación de la propiedad.

Tipos de compra y retención de bienes inmuebles

Las propiedades de alquiler existen en diferentes tamaños, propósitos y formas. Para asegurarte de que estás optimizando tu estrategia de inversión inmobiliaria de compra y mantenimiento, debes identificar el tipo de propiedad que deseas.

A continuación, se muestran diferentes tipos de activos generadores de ingresos en los que puedes invertir utilizando la técnica de inversión inmobiliaria de compra y retención:

Inmobiliaria llave en mano

Cuando inviertes en una propiedad inmobiliaria llave en mano, compras una propiedad lista para habitarse, que ya cuenta con una administración profesional de la propiedad y también tiene inquilinos que ya viven dentro. En otras palabras, todo está cuidado. Su función es "girar la llave" y obtendrás una propiedad de inversión sólida.

Propiedad de alquiler vacacional

El mercado de alquiler vacacional ha sido sólido últimamente. Si invierte en alquileres a corto plazo puede ser una excelente estrategia de alquiler si selecciona el mercado correcto en el momento adecuado.

Vivienda unifamiliar

Suele utilizarse con la técnica de alquiler tradicional; inviertes en una casa típica y la alquilas a un inquilino. Muchos principiantes eligen viviendas unifamiliares como un medio para familiarizarse con la industria de la inversión inmobiliaria. Una unidad de alquiler y un inquilino garantizan que todo sea sencillo.

Casa multifamiliar

Si deseas más, una casa multifamiliar es la mejor opción para la estrategia de inversión inmobiliaria de compra y retención. Una propiedad multifamiliar es aquella con más de una unidad de vivienda. Son más baratas que una vivienda unifamiliar, pero como estás alquilando varias unidades a varios inquilinos, generará mayores ingresos por alquiler. Es lo mejor para un flujo de caja constante y para construir rápidamente su cartera de inversiones.

Bienes raíces comerciales

La técnica de compra y retención de bienes raíces no se trata solo de bienes raíces residenciales. Los inversores pueden comprar una propiedad utilizada para funciones comerciales, como un edificio de oficinas o una tienda minorista. Pero la inversión en bienes raíces comerciales podría ser más complicada, especialmente para los principiantes.

Ventajas de la estrategia de compra y retención de bienes raíces

Esta estrategia tiene varios beneficios. Además del flujo de caja, existen numerosas ventajas para invertir en comprar y mantener bienes raíces. Veamos.

1. Los ingresos por alquiler

La razón por la que los inversores inmobiliarios optan por esta opción son los ingresos mensuales por alquiler. Puede haber otras fuentes de generación de ingresos, como lavandería, máquinas expendedoras e ingresos por estacionamiento. Si tienes un alquiler a largo plazo o empleas una administración de propiedad profesional, todos los ingresos generados serán ingresos pasivos, y generalmente puedes contabilizarlos en un plan mensual.

2. Deducciones fiscales

Los gastos de alquiler no son todos terribles; la mayoría, si no es que todos, califican para una deducción de impuestos. Además de los beneficios de impuestos a la propiedad, hay una cantidad significativa de costos que puedes eliminar, como la depreciación y los intereses hipotecarios y las tarifas de orígenes de préstamos. Otros gastos operativos, como mantenimiento y reparaciones, son deducibles de impuestos.

3. Capital

La financiación de las propiedades de inversión se realiza mediante préstamos bancarios. Lo mejor de la estrategia de inversión inmobiliaria de compra y retención es que los inquilinos de tu propiedad de alquiler terminan pagando tu hipoteca. Como el alquiler que cobras cubre los pagos de la hipoteca, el valor de tu propiedad aumenta cada mes. Los inquilinos incluso pagarán tus intereses. El secreto aquí es conseguir buenos inquilinos.

4. Apreciación

La apreciación de los bienes raíces también puede ser algo poderoso que surge de la estrategia de inversión de compra y retención de bienes raíces. Los mercados inmobiliarios pueden variar a lo largo de los años, pero si eliges una gran ciudad para comprar y conservar, tu propiedad de alquiler ganará valor con el tiempo. En general, comprar y mantener aumentos de bienes raíces a una tasa anual entre el 3 y el 5 por ciento.

Voltear la casa

Voltear casas es una de las estrategias de inversión inmobiliaria a corto plazo. En pocas palabras; comprar una propiedad que se vende por un precio inferior al valor de mercado. Sin embargo, la propiedad está siempre en malas condiciones y requiere reformas. En la mayoría de los casos, la propiedad aún se encuentra en un estado deteriorado y requiere rehabilitación. Lo que se hace en este caso es mejorar la propiedad por tu cuenta y luego revenderla. En esta situación, debes asegurarte de que el precio por el que estás vendiendo sea suficiente para cubrir los gastos y el margen de beneficio.

¿Por qué el cambio de vivienda es una de las mejores estrategias de inversión inmobiliaria?

Beneficios masivos

La razón por la que los inversores inmobiliarios optan por una solución y una inversión es el beneficio. Una de las mejores cosas de las inversiones inmobiliarias es la oportunidad de generar grandes ganancias en poco tiempo. Esto es lo que hace que una solución sea una de las mejores estrategias de inversión inmobiliaria a corto plazo.

Adquirir experiencia y conocimiento más rápido

Arreglar y cambiar implican muchas operaciones y transacciones que un inversionista de bienes raíces tendría que manejar. Sin embargo, esta es la mejor manera de aprender más sobre la inversión inmobiliaria. A lo largo de tu experiencia con un arreglo y cambio de bienes raíces, aprenderás más sobre gastos, construcción y el mercado inmobiliario local.

Competencia mínima

Una cosa acerca de arreglar y voltear bienes raíces es que es una estrategia arriesgada. Por esa razón, no muchos inversores inmobiliarios intentan arriesgar con tales estrategias de inversión inmobiliaria. Esto te deja con poca competencia en el mercado inmobiliario, lo que implica que tienes una mayor probabilidad de participación de los clientes.

Apreciación rápida

El cambio de casa es la mejor técnica de inversión para una rápida apreciación. Una vez que compras la propiedad y comienzas a renovarla, su valor aumenta. Esto se conoce como apreciación forzada. Cuando terminas las renovaciones, la propiedad aumenta automáticamente su valor de mercado. Esto significa que solicitarás un precio más alto que cubra todos los costos de renovación más un gran margen de beneficio dentro del trato.

Si tú eres un inversor inmobiliario principiante, entonces es bueno comenzar primero con inversiones de bajo riesgo. Fix and flip es una de las estrategias de inversión inmobiliaria de alto riesgo. Invertir en propiedades de alquiler tendría más sentido hasta que obtengas la experiencia necesaria para cambiar propiedades.

Venta al por mayor de bienes raíces

La venta al por mayor de bienes raíces es otra estrategia de inversión inmobiliaria increíble. Pero, para tener éxito en esta técnica, debes dominar todo al respecto. La venta al por mayor de bienes raíces aplica el mismo concepto que el cambio de casas, y la única diferencia es que, en lugar de cambiar casas, cambiarás los contratos. En otras palabras, busca un vendedor motivado, acuerda un precio de venta por debajo del mercado antes de identificar un comprador para vender el contrato de compra. En este caso, actúa como intermediario entre el comprador y el vendedor. Como mayorista, genera beneficios una vez finalizada la operación. La ventaja es la diferencia entre el precio contratado con el vendedor y el monto pagado por su comprador.

La venta al por mayor es una técnica excelente si deseas mojarse los pies en bienes raíces, pero no tiene suficiente dinero en efectivo. Una ventaja de la venta al por mayor es el tiempo que necesitas para vender al por mayor, que es más corto que reparar casas. Además, no incurrirás en los costos de realizar reparaciones y mejoras. Como resultado, asumes un riesgo masivo y menor. Pero el proceso de venta al por mayor de bienes raíces paso a paso también tiene a sus obstáculos. Algunos de los desafíos de la venta al por mayor de bienes raíces incluyen confusión sobre su legalidad y contratos complicados.

¿Cuál es la manera perfecta de generar dinero a través de la venta al por mayor de bienes raíces?

Si bien la venta al por mayor de bienes raíces es una excelente manera de obtener ingresos en bienes raíces, la cantidad de dinero que genera depende mucho de su base de clientes. Lo que esto significa es que, si decides vender propiedades de inversión al por mayor, puede ser una opción mucho mejor que las propiedades residenciales normales. La razón es evidente: siempre hay un inversor inmobiliario que quiere comprar propiedades de inversión.

Es más fácil para ti conseguir un comprador final que quiera invertir en una propiedad en lugar de vivir en ella. Los inversores inmobiliarios siempre están buscando las mejores ofertas en el mercado inmobiliario y, en este caso, tienes lo que ellos quieren. En este caso, apuntar a un nicho específico de clientes podría ser una gran estrategia para generar dinero en bienes raíces.

Inversión llave en mano

Si ha realizado algún análisis sobre la inversión inmobiliaria, probablemente haya escuchado el término "bienes raíces llave en mano". Las empresas que se refieren a sí mismas como "empresas llave en mano" prometen gestionar todas las partes de la inversión inmobiliaria, ayudándote con todas las funciones de compra y mantenimiento de una propiedad de alquiler. Dejándote tiempo para sentarte y recaudar pasivamente tus ingresos.

En pocas palabras, la inversión inmobiliaria llave en mano es una técnica de inversión vagamente definida en la que el inversor compra, rehabilita y tiene una propiedad controlada a través de un tercero, generalmente a larga distancia. El objetivo es hacer que todo el proceso de inversión inmobiliaria sea lo más simple posible, por lo que lo que debes hacer es "girar la llave". ¿Verdad?

Hay muchos proveedores de bienes raíces llave en mano en Estados Unidos y en todo el mundo, y no hay dos empresas exactamente iguales. Algunos comprarán, rehabilitarán, alquilarán y luego te venderán una propiedad, el inversionista. Otros pueden ayudarte a ubicar la propiedad y realizarán la mayor parte del trabajo pesado en el lado de la rehabilitación por ti. Una vez más, cada empresa lleva a cabo sus operaciones de manera diferente, por lo que, si eliges ir con una empresa llave en mano, es bueno que investigues un poco para saber exactamente lo que hará y no hará esa empresa llave en mano.

Ventajas de la inversión llave en mano

Dado que una propiedad llave en mano es una que está completamente renovada y lista para ser comprada, significa que no se requieren trabajos adicionales en términos de reparaciones, y la propiedad se puede alquilar inmediatamente después de la compra. La mayoría de las veces, estas empresas te venderán una propiedad que ya está "funcionando", lo que implica que un inquilino ya vive dentro.

Empresas llave en mano y gestión inmobiliaria

Muchas empresas llave en mano brindan servicios de administración de propiedades. El objetivo es pulir todo lo más posible para que un inversor pueda tener una manera fácil de administrar tu propiedad.

Conseguir un administrador de propiedades puede ser una gran molestia para muchos inversores, y aprovechar los servicios de administración de propiedades de la empresa llave en mano es la mejor manera de comenzar. Pero ten en cuenta que no tienes derecho a esta administración de la propiedad durante el resto de tu inversión. Puedes emplear a otro si es necesario, pero confían en la idea de que harán un gran trabajo y tú no tendrás la necesidad de buscar otro.

El inconveniente de las empresas llave en mano

La conveniencia viene con un costo específico.

Lo que cobran los operadores llave en mano es diferente. Algunos tienen tarifas de adquisición.

Algunos poseen las propiedades y te las venden a un precio ligeramente alto. Algunos pueden ser dueños de la compañía de administración de propiedades y reciben el pago a través de tarifas.

De cualquier manera, como comprador, es correcto que sepa cuáles son las tarifas. Por supuesto, los impuestos son a veces el costo inevitable de administrar una empresa.

Hackeo de Casas

El término "Hackeo" apunta a algún tipo de esquema que no llega a alcanzar una meta real. Por eso es posible que hayas ignorado esta estrategia de inversión hasta ahora.

La piratería de viviendas ocurre cuando compra una propiedad de inversión multifamiliar y vive en una de las unidades. Los ingresos por alquiler que obtenga de otras unidades deberían facilitar la mayor parte de tus gastos de vivienda.

Si bien la definición puede no demostrar cuán excelente es esta estrategia, es una excelente estrategia de inversión para principiantes. Incluso podría ser una de las mejores formas de empezar a trabajar en el sector inmobiliario.

La razón común por la que deberías utilizar la piratería doméstica como estrategia de inversión es que puedes vivir en tu casa de forma gratuita. Además de esto, la piratería doméstica ofrece un costo de oportunidad enorme. Cada dólar que gastas en alquiler o incluso en pagar la hipoteca de una casa en la que vives, nada genera ningún retorno de la inversión. Todo ese tiempo, te estás perdiendo del efectivo que podrías estar ganando si hubieras invertido esos centavos en una inversión inmobiliaria de flujo de efectivo. Es una oportunidad perdida de generar dinero.

Entonces, si bien el concepto de vivir en una casa gratis es bueno, la piratería doméstica es más que eso. Se basa en un plan a largo plazo para generar dinero, independencia financiera y quizás incluso jubilación anticipada. Compra una propiedad, vive gratis gracias a los ingresos por alquiler y guarda los fondos de la vivienda para otra inversión inmobiliaria con la que obtengas beneficios.

Los 3 pasos para piratear tu casa

1. **Analiza las opciones de financiamiento de propiedades de inversión y recibe una aprobación previa**

Encuentra una hipoteca de propiedad de alquiler con las tasas de interés fijas más bajas y un pago inicial asequible.

2. **Identifica la mejor oferta inmobiliaria**

Identifica una propiedad de inversión asequible o por debajo del valor de mercado. Por ejemplo, reparadores, casas en ejecución hipotecaria y casas con "vendedores motivados".

3. **Realiza un análisis de propiedades de inversión**

Ejecuta un análisis básico de propiedades de inversión para identificar una propiedad con suficientes ingresos por alquiler para cubrir los costos de vivienda.

Todo esto tiene que tener lugar con cualquiera de las siguientes viviendas plurifamiliares:

- Dúplex
- Triplex
- Cuadruplex

Alquileres a corto plazo (vacaciones)

Todos buscamos la mejor manera de generar dinero, y una de las bellezas de la inversión inmobiliaria son las numerosas opciones que ofrece para generar ingresos adicionales. Sin embargo, con formas ilimitadas de ganar dinero en bienes raíces, hay muchas preguntas que debe responder antes de poder convertirse en un inversionista inmobiliario exitoso. Una de esas preguntas importantes es si los alquileres a corto plazo son la mejor estrategia de inversión para inversores principiantes.

Desafortunadamente, como ocurre con muchas preguntas sobre inversión inmobiliaria, esta no tiene una respuesta sencilla. La respuesta depende de muchos factores.

Aparte de eso, la mayoría de los inversores inmobiliarios principiantes encuentran más fácil comprar una propiedad de alquiler a corto plazo para comenzar a invertir en bienes raíces.

Esto significa que los alquileres vacacionales son una buena opción de inversión para principiantes. Existen varios beneficios relacionados con la compra de una propiedad de alquiler vacacional, especialmente para los inversores inmobiliarios principiantes.

Estas son algunas de las razones por las que los alquileres vacacionales son una buena opción de inversión para principiantes.

1. Más ingresos por alquiler

Un beneficio importante de invertir en alquileres vacacionales es que puedes generar más ingresos por alquiler como inversor inmobiliario principiante. Si seleccionas una excelente ubicación, las casas de vacaciones tienden a atraer a muchos turistas y viajeros durante la temporada alta. Durante estos períodos, podrás cobrar altas tarifas de alquiler debido a la gran demanda. Los ingresos por alquiler que recibes te ayudan a pagar la hipoteca y otros costos adicionales relacionados con la propiedad.

2. Hay lugar para errores

Ser propietario de una casa de vacaciones en alquiler es una excelente manera de aprender sobre inversiones inmobiliarias y, al mismo tiempo, tener espacio para cometer errores. Debido al alto número de rotación de inquilinos, puedes convertirte en un experto en problemas de administración de propiedades y resolverlos con la próxima reserva.

3. Propiedad de doble uso

La idea de tener una propiedad de doble uso parece muy interesante, ya sea que seas un novato o un experimentado. Con un alquiler vacacional, puedes utilizar la propiedad de inversión para pasar tus propias vacaciones mientras la alquilas por el resto del año.

4. **Valoración inmobiliaria**

Los alquileres vacacionales suelen tener demanda, lo que implica que tus valores están aumentando todo el tiempo. Cuando llegue el período en el que elijas vender la propiedad de inversión, guarda las ganancias que obtuviste y utilízalas para financiar otra propiedad de inversión.

5. **Fácil de conseguir invitados**

Aplicaciones como Airbnb, VRBO y HomeAway han facilitado la búsqueda de invitados.

Vivir en la casa a vender

Al igual que cualquier otra estrategia para invertir en bienes raíces, un cambio de vivienda tiene beneficios y desafíos

Pros

• **Una hipoteca** - Si la casa que deseas cambiar es tu residencia principal, no tendrás que pagar una hipoteca y asumir el costo.

• **Sin presión para revender rápidamente**-En el flip house tradicional, el house flipper compra una propiedad con el propósito de mejorarla y venderla rápidamente. En este caso, si no consigues un comprador rápidamente, puede ser muy decepcionante porque todavía estás pagando la hipoteca y los costos de mantenimiento. Sin embargo, si vives en la propiedad, no deben afectarte los gastos secundarios.

• **Buena equidad**- Puedes reducir los costos de manera significativa al realizar algunas de las reparaciones y renovaciones cuando estés cambiando las propiedades tú mismo en lugar de emplear a alguien.

• **Exclusión de la sección 121**- Si has vivido en tu casa por más de dos años después de comprarla, estarás excluido del pago del impuesto sobre las ganancias de capital mientras vendes la propiedad.

Contras

- Período de espera más largo
- Riesgo de dañar el trabajo en curso
- Vivir en medio de la renovación.
- Vender el flip-in significa que buscará otro lugar para vivir.

Inversión BRRRR

La estrategia BRRRR es una de las mejores técnicas para crear riqueza en la inversión inmobiliaria.

BRRRR es una abreviatura que significa "Compra, rehabilita, renta, refinancia y repite" Por sus siglas en inglés. Los inversores inmobiliarios suelen implementar esta técnica en numerosas ocasiones a lo largo de sus carreras. Es una estructura única que representa un híbrido entre ingresos activos y pasivos. Cuando se ejecuta correctamente, puede establecer una cartera de propiedades de alquiler sin consumir todo tu efectivo.

Por lo general, tú compras una propiedad de inversión por debajo del valor de mercado y la reparas. La propiedad rehabilitada luego se alquila a alguien para generar ingresos por alquiler que te permitan pagar la hipoteca, obtener ganancias y establecer capital a lo largo del tiempo. Una vez que creas una cantidad considerable de propiedad en la propiedad, tú mismo la financias para comprar una segunda propiedad de inversión, y así sucesivamente. Si se hace bien, puedes recuperar la mayor parte de tu capital original.

Como puedes ver, el papel de la estrategia BRRR es permitir que los inversores inmobiliarios obtengan y creen una cartera de propiedades de alquiler de ingresos pasivos sin la necesidad de ahorrar para el pago inicial de cada propiedad de inversión. Este no es un plan para hacerse rico rápidamente, pero es un medio poderoso para comenzar a invertir en bienes raíces y comprar varias propiedades cuando no tienes efectivo disponible.

Alquileres para estudiantes

La inversión en alquiler para estudiantes es lucrativa. Es una estrategia poderosa. Invertir en viviendas para estudiantes en ciudades universitarias es la mejor inversión. Las ciudades universitarias son uno de los mejores lugares para invertir en bienes raíces. Existe una gran demanda de propiedades en alquiler. Los estudiantes suelen acudir en masa a las ciudades universitarias al comienzo de la escuela todos los años y necesitan propiedades de alquiler para quedarse.

Otro consejo para elegir invertir en viviendas para estudiantes es que sabe que espera una gran demanda. Por lo tanto, hay una buena sensación de que se gana como inversor. El alojamiento fuera del campus es una excelente opción para los estudiantes que no cuentan con alojamiento dentro del campus. Muchos estudiantes, de hecho, prefieren viviendas fuera del campus porque pueden ser más asequibles.

Hay un crecimiento significativo en el sector de las viviendas para estudiantes y las propiedades se venden por una enorme suma de dinero en efectivo.

Capítulo 7: Los mejores métodos para encontrar grandes ofertas inmobiliarias

En el mundo de rápido crecimiento de la inversión inmobiliaria, ¿cómo destacar del resto?

¿Cómo puedes mantenerte competitivo en la inversión inmobiliaria? Bueno, no es fácil. De hecho, muchos inversores se dan por vencidos en el camino, diciendo la frase común "No puedo encontrar ninguna oferta" o "Las ofertas no tienen sentido en este momento".

En este capítulo, aprenderás dos formas de competir y ganar, sin importar las condiciones del mercado y la calidad de las ofertas presentes. Se reduce a dos ideas simples que asegurarán que permanezcas en el juego durante un período prolongado:

1. Crea una red confiable de proveedores de acuerdos confiables que puedan ofrecerte ofertas fuera del mercado.

2. Aplique la técnica "LAPS" para analizar las ofertas que obtenga y haz ofertas firmes rápidamente.

Todo se reduce a su red de proveedores de acuerdos

Necesitas una red de proveedores de acuerdos locales (mayoristas, administradores de propiedades y corredores) que disfruten trabajar con inversionistas, comprendan tus necesidades únicas y estén listos para tomarse el tiempo para construir una conexión de confianza a largo plazo contigo. Una vez que identifiques a las personas que tienen esta mentalidad, asegúrate de que te conozcan, les guste y confíen en ti. Una vez que representes una oportunidad para los inversores, comenzarán a presentarte las codiciadas ofertas fuera del mercado que rara vez llegan a la MLS. Estos proveedores de acuerdos quieren establecer que tú cerrarás el trato y se beneficiarán de ti a largo plazo. Si estás analizando un acuerdo en MLS, lo más probable es que hayas sido revisado por varios inversores por diferentes razones, normalmente incertidumbres sobre el precio y el costo de reparación.

¿Cómo encuentras gente que te presente ofertas fuera del mercado? Hay muchos corredores y administradores de propiedades, y con una búsqueda rápida en Google descubrirás rápidamente a los jugadores clave en tu mercado. Luego, se trata de tener reuniones para determinar si están en la misma página y están listos para trabajar contigo para generar acuerdos. Para conseguir otros profesionales inmobiliarios, por ejemplo, mayoristas, busca en las reuniones de la Asociación de inversores inmobiliarios locales. Por último, los recursos en línea y las conferencias nacionales son los mejores lugares para interactuar y conocer a los proveedores de acuerdos nacionales.

Una vez que creas la red, lo siguiente es el análisis detallado y la VELOCIDAD

Cuando te encuentras disponible un acuerdo fuera del mercado de MLS, los factores esenciales para obtener una ventaja frente a los inversores competidores son la velocidad y la financiación. Cuando aparece una gran oferta, la detectas rápidamente. Lo más importante es que la red de personas que generan acuerdos fuera del mercado ya saben que tienes financiamiento listo para cerrar un trato siempre que cumpla con los requisitos.

Proceso de análisis: ejecutar "vueltas" alrededor de la competencia

Esto es lo que se necesita para analizar ofertas. Imagínate una "competencia" como un juego de baloncesto real. Si tienes 100 ofertas, ¿cuáles superan al resto durante cada ronda de análisis y cálculo numérico? Lo que llega a semifinales, finales y finalmente al campeonato.

En otras palabras, ¿qué procesos y sistemas utilizas para elegir esa gran oferta que llega a la cima superando a cientos de otras ofertas que aparecen en tu escritorio cada mes? ¿Cómo filtras rápidamente las ofertas que no se ajustan a tus criterios o necesidades financieras y te aseguras de que la que cierras sea rentable?

Bueno, aplica el sistema LAPS. LAPS son las siglas en inglés de Guías, Análisis, Propuesta y Éxito.

Rompiendo el sistema LAPS

Guías: En este proceso, recopila clientes potenciales para ofertas de diferentes fuentes, incluidos agregadores MLS, mayoristas, bienes raíces, etc. Estas fuentes ya conocen los criterios y llamarán o enviarán un correo electrónico cuando surja una nueva propiedad que esté lista para hacer oferta.

Puedes utilizar varias "reglas generales" para determinar si un cliente potencial merece una mayor exploración. Una de estas reglas generales son los criterios de ubicación. La propiedad debe ser un vecindario B sólido, o de lo contrario se descartará automáticamente. Otra regla general es la regla del 1%; esto requiere que apuntes a propiedades donde los alquileres mensuales sean al menos el 1% del precio de compra. Por ejemplo, si planeas comprar una propiedad de $ 100, 000, necesitas recibir un ingreso mensual por alquiler de $ 1, 000. En caso de que una propiedad no cumpla con esta regla, continuaremos analizando nuevos clientes potenciales que sí la cumplan.

Necesitarás fuentes de negociación relevantes para garantizar que la negociación fluya de manera constante, así que asegúrate de crear continuamente tu red de profesionales de la industria que comprendan tu enfoque y brinden ofertas regulares fuera del mercado.

Análisis

Si, en un trimestre regular, analizas 300 oportunidades de negocio, solo 100 más o menos cumplirán los criterios de ubicación y de inversión esenciales. A partir de ahí, puedes profundizar más en el acuerdo para averiguar si cumples con otros criterios de inversión.

El análisis de la propiedad se divide en cuatro categorías financieras:

- Alquiler esperado: cuál es el alquiler que crees que puedes ganar por la propiedad.
- Gastos reales de la propiedad: estos incluyen basura, administración de propiedades, asociaciones de propietarios, reparaciones y mantenimiento, y muchos más. Todos estos factores deben tenerse en cuenta antes de determinar tu número de flujo de caja.
- Costos de reparación: obtén la opinión de un contratista profesional y un inspector de construcción sobre cuáles serán los costos de reparación esperados para mejorar el edificio a una condición en la que puedas cobrar alquileres de mercado.
- Valor después de la reparación: una vez que repares la propiedad y la lleves al mercado para alquilar, ¿qué valor tendrá en el mercado?

Una vez que hayas eliminado las propiedades que no cumplen con la regla del 1% y hayas terminado el análisis inicial basado en los cuatro elementos financieros, somete cada oferta restante a cuatro pruebas de criterios finales para confirmar si califican para hacer una oferta en:

1. Flujo de efectivo: debes invertir en acuerdos que fluyan de manera positiva después de factorizar todos los gastos del acuerdo.
2. Efectivo sobre efectivo El retorno de la inversión-acuerdos debe ofrecer un beneficio mínimo del 9% sobre nuestro

efectivo invertido en el acuerdo.

3. Equidad: compra propiedades entre un 20% y un 30% por debajo del valor de mercado de la MLS.

4. Rentabilidad total: se refiere a la cantidad que ganas por haber tenido la propiedad durante determinada cantidad de años.

Propuesta u ofertas presentadas

De las 100 ofertas que analizaste, solo 10 pueden pasar las cuatro pruebas de detección necesarias para que puedas realizar una oferta. Por lo tanto, debes proceder a presentar ofertas en ellas y averiguar si son aceptadas.

Éxito

Ahora, de las 10 ofertas que haces, solo se acepta una. Como inversor de bienes raíces, tu oferta siempre será mucho más baja que la de los compradores minoristas de vivienda, por lo que existe una mayor probabilidad de que sea aceptada. Sin embargo, este es un juego de números, y al igual que en un juego de baloncesto, cuantos más tiros hagas, más a menudo escucharás el silbido de un trato cerrado.

Algo más sobre sincronización y velocidad

Impulsarás los acuerdos a través del proceso de análisis lo más rápido posible. Una vez que identifiques una gran oferta, estarás listo para presentar una oferta. Pero antes de hacer eso, analicemos algo sobre el tiempo, ya que este es un factor crucial para obtener una ventaja competitiva.

Cuando se trata de ofrecer aceptación, debes ser el primero o el último. Pero nunca estés en el medio.

¿Qué significa eso? Si el listado ya está en el mercado, la primera oferta recibida es contra lo que el vendedor mide todas las demás ofertas, y existe un sesgo natural hacia la primera. Por lo tanto, presentar una oferta de apertura que sea de calidad para inversionistas, defendible y favorita del mercado, te proporcionará una ventaja. Si analizaste correctamente la oferta utilizando la técnica LAPS y buscaste la sugerencia del proveedor de la oferta, puedes estar seguro de que tu oferta será considerada.

Si no haces la primera oferta por alguna razón, espera a que se asiente por un tiempo. Este período de tiempo solo se puede medir por el calor del mercado y el precio de la propiedad, pero si ha estado inmóvil durante 30-90 días, el precio actual no es el mercado apropiado. Si recibes una palabra del agente de listado de que las ofertas han disminuido significativamente, es hora de que presentes una oferta a la mesa. Si lo sincronizas bien y el vendedor quiere terminar de una vez, entonces tu oferta puede ser aceptada.

Grandes tácticas para encontrar grandes ofertas

Sitios de Anuncios

Craigslist es una plataforma de anuncios clasificados en línea donde es gratis publicar y navegar, por lo que es un recurso poderoso para encontrar ofertas inmobiliarias. Puedes encontrar ofertas buscando vendedores, publicando un anuncio y buscando propietarios. Echa un vistazo a los listados de propiedades en los sitios de anuncios de tu área de destino si estás buscando un método de baja inversión y bajo compromiso para encontrar ofertas de bienes raíces fuera del mercado. Puedes ahorrar más tiempo y dinero negociando directamente con un vendedor en lugar de trabajar con un agente inmobiliario local.

Servicio de Listado Múltiple

SLM es una estrategia tradicional para buscar casa. Si tienes una propiedad para vender o quieres comprar una casa, el MLS es a donde tu agente se dirige. Este es el primer lugar al que la mayoría de la gente recurre cuando busca comprar bienes raíces.

Conduce y busca señales que indiquen que un vendedor está motivado

Revestimientos opacos, césped alto, jardines cubiertos de maleza y un camino de entrada que necesita reparación son todos indicadores de que un propietario ha revisado. Debes conducir para buscar propiedades que no parezcan muy queridas. Siempre puedes obtener algunas de las mejores ofertas en propiedades a la venta al conseguir propietarios que ya no tengan la motivación o la capacidad para manejar sus propiedades. No olvides buscar propiedades vacantes.

Compra anuncios en línea dirigidos a personas que venderán pronto

Las personas que están cerca de vender sus casas siempre buscan materiales de embalaje, alquiler de camiones, servicios de mudanza y cosas relacionadas. Puedes comercializar a personas que se encuentran en las primeras etapas de planificación para mudarse utilizando palabras clave que no están relacionadas con bienes raíces. Esto podría ayudar a plantar una idea sobre la venta directamente antes de que un posible vendedor se ponga en contacto con un agente de bienes raíces.

También debes comprometer algunos de tus presupuestos para anuncios en línea dirigidos a personas que están atrasados en los impuestos a la propiedad. La mayoría de las personas que han retrocedido están a unos meses de decidirse a vender. Existe una excelente oportunidad de conseguir propiedades privilegiadas debido al divorcio.

Utiliza el correo directo para dirigirte a vendedores motivados

El correo directo presenta una forma poderosa de expandir tu alcance y garantizar que los vendedores potenciales sepan que eres una persona amigable. Si deseas evitar perder dinero, asegúrate de que el correo directo esté dirigido a las personas adecuadas.

El mejor grupo al que debas dirigirte puede depender de la región en la que desees realizar ofertas inmobiliarias.

Adopta las redes

Los negocios siempre se tratan de buenas relaciones. Como tal, una de las mejores formas de encontrar ofertas inmobiliarias fuera del mercado es estableciendo contactos con personas que saben mucho sobre ofertas inmobiliarias. La estrategia de red correcta te da una ventaja para las propiedades fuera del mercado. Hay muchas personas que debe incluir en tu círculo de trabajo interno para tu negocio. Los principiantes deben tener una conexión con otros inversores inmobiliarios.

Capacita a tus propios mayoristas

La venta al por mayor es una gran táctica para encontrar ofertas inmobiliarias si no quieres hacer el trabajo duro. Puedes encontrar mayoristas y capacitarlos para que sepan lo que están haciendo para asegurarse de que obtienen la mejor oferta y ahorra dinero al comprar una propiedad.

Obtén una ventaja sobre las propiedades testamentarias

Un abogado puede ser útil cuando se trata de encontrar propiedades que probablemente salgan al mercado pronto. Sin embargo, no es obligatorio conocer a un abogado para encontrar casas testamentarias como tus ofertas de bienes raíces.

Las propiedades testamentarias siempre son mucho más baratas que las propiedades tradicionales porque se venden a través de un representante designado por el tribunal como parte de un testamento.

La forma más fácil de encontrar estas propiedades es acudir a su tribunal de sucesiones local y solicitar hablar con la persona a cargo de los asuntos de sucesiones. Es bueno pedir registros que cubran los últimos seis meses.

Precauciones al buscar las mejores ofertas en propiedades en venta

Hay algunos desafíos que querrás evitar mientras buscas la mejor oferta que los inversores inmobiliarios puedan encontrar. En general, querrás ser cauteloso en asuntos relacionados con la competencia y decir demasiado. Es posible conectarse en red sin dejar de mantener tus estrategias.

También es vital asegurarse de no comercializar a las personas equivocadas. No hay nada de malo en comenzar con una audiencia pequeña y específica al invertir dinero en esfuerzos de marketing. Lanzar una amplia red no es el mejor paso cuando se trata de encontrar vendedores motivados. La verdad es que las personas que no quieren vender sus casas realmente no se pueden convencer. Lo que se está tratando de hacer es dar un empujón a las personas que ya están motivadas.

También es posible que desees llevar a cabo la debida diligencia si elige buscar una propiedad en ejecución hipotecaria. Eso significa buscar cualquier reclamo o gravamen existente. También es posible que desees confirmar que una propiedad no tiene ocupantes. No permitas que el incumplimiento de los procedimientos correctos te cueste tiempo, dinero y dolores de cabeza legales.

Dicho esto, es útil dar un paso adelante y observar lo que está sucediendo en el mercado a tu alrededor mientras buscas ofertas inmobiliarias de fondo. Pero aún puedes cubrir mucho terreno en línea, lo que te ayudará con todos los puntos descritos anteriormente.

Los recursos en línea pueden ayudarte a explorar información básica sobre una propiedad determinada.

Capítulo 8: Medios para financiar tus acuerdos inmobiliarios

El sector inmobiliario es uno de los mejores métodos de inversión porque no solo genera buenos rendimientos, sino que también protege al inversor de la inflación. A pesar de ser una inversión lucrativa, requiere capital.

La mayoría de los inversores inmobiliarios principiantes no pueden financiar un negocio de bienes raíces con su propio dinero. Muy pocas personas tienen la suerte de tener dinero en efectivo disponible para comenzar sus carreras inmobiliarias.

Sin embargo, el concepto erróneo más común sobre la inversión inmobiliaria es que se necesita mucho dinero para empezar. La ausencia de capital suficiente para un pago inicial sigue impidiendo que muchos inversores primerizos comiencen. Lo que la mayoría de la gente no sabe es que existen métodos de financiación de inversiones inmobiliarias que funcionan para principiantes.

Como inversor por primera vez, comprender cómo empezar a financiar tu inversión inmobiliaria es tan importante como encontrar uno. La forma en que se financia una operación inmobiliaria determinada también puede estar determinada por su resultado.

Ya sea que seas un principiante o un usuario final, aquí hay algunos métodos que puedes utilizar para financiar tu inversión inmobiliaria.

Hipotecas convencionales

Una hipoteca convencional es el tipo de préstamo de propiedad de inversión más popular. Para calificar, debes realizar un pago inicial en particular, y luego el banco te da el resto del efectivo. Aunque las hipotecas convencionales suelen tener tasas de interés más bajas, se adhieren a pautas estrictas. Debes tener suficiente pago inicial, buen puntaje crediticio y una baja relación deuda-ingresos.

Las hipotecas convencionales son las mejores para los inversores de compra y retención que desean desarrollar una cartera inmobiliaria de propiedades rentables. Los reembolsos de la hipoteca siempre se realizan mensualmente, lo que facilita el presupuesto. Una última cosa que debes recordar acerca de los préstamos hipotecarios convencionales es que no se utilizan para financiamiento a corto plazo.

Prestamistas de dinero privados

Los prestamistas privados también son una excelente opción de financiación de inversiones para inversores principiantes. Son personas no profesionales que otorgan préstamos para propiedades de inversión a una tasa de interés ofrecida y un período de recuperación. Siempre están interesados en invertir en la propiedad como tú.

Si tienes una buena red, puedes utilizar capital de tu sistema personal. Puede ser un amigo, un compañero de trabajo, un familiar, etc. Los préstamos de dinero privado requieren calificaciones mínimas que los préstamos convencionales y tienen una estructura de préstamo más flexible. Estos préstamos suelen ser adquiridos por inversores inmobiliarios que creen que pueden incrementar el valor de una propiedad de inversión durante un período determinado mediante renovaciones.

Préstamo con garantía hipotecaria

Aunque este método puede no funcionar para todos, es una forma poderosa de aprovechar cualquier valor que ya tengas en otra propiedad. Una línea de crédito con garantía hipotecaria se puede utilizar para obtener capital de una propiedad que ya posees para comprar una nueva propiedad. La belleza de comprar una propiedad de inversión utilizando este método de financiamiento es la capacidad de replicarla infinitamente. Los inversores inmobiliarios pueden permitir que tus propiedades de inversión paguen sus propios costes.

Financiamiento del propietario

En este método, el vendedor de la propiedad inmobiliaria puede actuar como prestamista de la propiedad inmobiliaria. Esto sucede proporcionando al comprador un plan de pago determinado. A continuación, el comprador de la propiedad o el inversionista de bienes raíces hará pagos mensuales al vendedor hasta que se cubra el precio de la propiedad.

El financiamiento del propietario puede ser una oportunidad lucrativa para el vendedor porque puede cobrar más por su propiedad usando una tarifa de interés para el financiamiento.

Asociaciones

Si no puedes atender solo el financiamiento de propiedades de inversión, puedes unir tus manos con otra persona para financiar la propiedad. Los socios inmobiliarios siempre dividirán las ganancias en función de sus contribuciones. Las asociaciones te permitirán obtener tu propiedad de inversión con anticipación y se pueden personalizar para satisfacer las necesidades de los socios. Si tienes el plan de comprar una propiedad de inversión, pero te faltan las finanzas, contratar a un socio que pueda proporcionar los fondos mientras tú manejas la administración puede ser una excelente opción. Tu socio y tú crearán un contrato detallando sus responsabilidades y cómo se compartirán las ganancias.

Las asociaciones inmobiliarias pueden ser una excelente manera de iniciar una carrera de inversión en propiedades de alquiler. Se puede utilizar un socio para financiar toda la propiedad de inversión o realizar el pago inicial. Pueden tener un papel pasivo o activo en la propiedad de inversión, según lo acordado por ambas partes en el acuerdo existente.

Dinero duro

Los prestamistas de dinero fuerte son un gran enfoque de financiamiento de propiedades de inversión en el que los fondos para las inversiones inmobiliarias son liberados por una empresa privada, en lugar de un banco. Siempre se basa en el valor de la propiedad de inversión. Los préstamos de dinero duro no tienen que pasar por procedimientos corporativos; por lo tanto, todavía tienen un requisito de aprobación más flexible y se pueden obtener mucho más rápido. Esto te permite cerrar rápidamente cuando tienes mucho en tus manos.

Los inversores inmobiliarios suelen optar por esta opción a corto plazo como préstamos puente para conseguir el trato antes de que puedan obtener financiación tradicional a largo plazo. Esta puede ser una excelente manera de ofrecer un cambio. Sin embargo, los prestamistas de dinero fuerte podrían estar abiertos a apoyar proyectos riesgosos.

Además, estos préstamos tienen una tasa de interés muy alta y plazos cortos y siempre requieren una garantía personal o un pago inicial sustancial. Tienen una relación préstamo-valor baja en comparación con otros tipos de financiación y deben utilizarse con precaución, con una estrategia de salida integral.

Opción de arrendamiento

En algunas situaciones, el financiamiento de propiedades de inversión puede ocurrir a través de la opción de arrendamiento. Puedes invertir en una propiedad firmando un contrato de arrendamiento haciendo pequeños pagos hasta que obtengas el dinero para comprarla, generalmente en dos o tres años. Una fracción de los pagos mensuales se utiliza como precio de compra de la propiedad. Alquilar la propiedad te brinda tiempo suficiente para encontrar financiamiento o ahorrar para el pago inicial.

Préstamos FHA

Si estás comprando tu primera propiedad de inversión, puedes utilizar una hipoteca aprobada por la Administración Federal de Vivienda. El préstamo de la FHA se inició para motivar la propiedad de vivienda. Sin embargo, puedes comprar una casa multifamiliar con un pago inicial de solo 3.5%, seleccionar una unidad para vivir y alquilar el resto para calificar. Esto hace que los préstamos de la FHA sean un método rentable de financiamiento de inversiones inmobiliarias, principalmente si es el primero.

Préstamos de cartera

Los prestamistas hipotecarios de cartera pueden establecer sus propias reglas para los préstamos para propiedades de inversión. Como no sabes qué esperar, debes estar preparado para pagar más por estos. Pero la ventaja es que es posible que puedas pagar menos con este tipo de préstamo.

Préstamos comerciales

Estos pueden ser de alguna manera costosos y complejos de configurar. El proceso de solicitud de un préstamo inmobiliario comercial tradicional requiere más tiempo y documentación para completar. Sin embargo, para todos aquellos que estén interesados en comprar propiedades con más de cuatro unidades, esta es otra opción. Sin embargo, recuerda que, si tu puntaje crediticio no es alto o si la propiedad requiere una renovación, pagarás tasas hipotecarias de propiedad de inversión más altas.

La financiación de propiedades de inversión puede ser una tarea complicada para cualquier inversor inmobiliario. Como puedes ver, hay muchas formas de financiar una propiedad de inversión. Los inversores inmobiliarios exitosos saben cómo determinar la opción de financiación de la propiedad de inversión que será adecuada para cada operación. Para seleccionar el mejor para tu inversión, es posible que debas realizar una investigación exhaustiva.

Capítulo 9: Estrategias de cierre de bienes raíces

Cerrar acuerdos inmobiliarios podría ser lo más emocionante que experimentan los inversores a lo largo de sus carreras, pero eso no implica que el proceso no sea largo y un poco confuso. De hecho, existe una amplia red de nuevos inversores que quieren cerrar su primer trato, pero no saben cómo hacerlo. Con el sistema adecuado implementado, cerrar acuerdos inmobiliarios no es una tarea difícil, sino un momento crucial en la carrera de un inversor.

Venta tradicional con agente inmobiliario

Si eres un inversor principiante y es la primera vez que vendes una propiedad, la mejor manera de hacerlo es contratar a un agente de bienes raíces o un agente inmobiliario. Un agente adecuado te guiará a través de todo el proceso de venta de la vivienda y aumentará tus posibilidades de una venta rápida. Los agentes también ayudarán en la mayoría de los próximos pasos de la venta de viviendas inmobiliarias, como establecer un precio competitivo, marketing, comunicarse con el agente del comprador, preparar el papeleo, negociar ofertas, etc.

Por ayudarte con la venta de la casa, un agente de listado te cobrará una comisión del 5 al 6% del precio de venta de tu casa, que luego se comparte con el agente del comprador. Esta es la razón por la que algunos propietarios evitan contratar a un agente inmobiliario; en cambio, venden su casa ellos mismos para ahorrar en el pago de la comisión. Sin embargo, es un consejo incorrecto intentar vender tu casa por tu cuenta, especialmente si es la primera vez.

Además, el agente adecuado será más que compensar el costo y te permitirá obtener la mayor cantidad de dinero para tu hogar. Por lo tanto, no solo contrates a cualquier agente, busca uno que sea profesional y que tenga un excelente historial de ventas que demuestre que sabe cómo vender tu casa rápidamente.

Venta de FSBO (a la venta por el propietario)

Cuando vendes tu casa, es obvio que deseas obtener el rendimiento más significativo de tu inversión en la mesa de cierre. Por esa razón, algunos propietarios prefieren vender sus casas sin un agente de bienes raíces. Conocido como "a la venta por el propietario" o FSBO, vender una casa sin un agente de bienes raíces requiere ambición, tiempo y determinación.

Un FSBO puede resultar en ahorros masivos cuando deduce la tarifa de comisión habitual del 6 por ciento para un agente de bienes raíces. En una casa de $ 200,000 dólares, eso podría sumar hasta $ 12,000 dólares en ahorros.

Los propietarios de viviendas que están especulando sobre cómo vender una casa por si mismos deben saber que es un proceso de aprendizaje. Después de todo, vender una casa no es algo que la gente haga todos los días. Prepararse para lo que se avecina te permitirá obtener la mayor cantidad de dinero en el cierre y reducir tus dolores de cabeza.

Estos son los pasos sobre cómo vender tu propiedad por tu cuenta

Prepara tu casa para la venta

El primer y más crucial paso es tener la propiedad lista para el mercado. Los inversores inmobiliarios quieren que los posibles compradores amen el lugar. Puedes hacerlo arreglando y ocupándote de cualquier problema importante que puedan encontrar antes de poner la propiedad en venta en el mercado. Haz que inspeccionen tu casa para identificar problemas ocultos de los que quizás no tengas conocimiento, lo que podría evitar un trato. Pequeñas reparaciones pueden marcar la diferencia.

Estos problemas pueden incluir cosas como manchas de alfombras, daños al jardín y daños a las mascotas. Pero es bueno realizar mejoras que agreguen valor a la propiedad de inversión, como alfombras nuevas, remodelación de baños y jardinería. Antes de colocar el letrero "Se vende", limpie cada rincón de la casa y manténgalo así durante todo el proceso de venta.

Los compradores de viviendas FSBO tienen grandes expectativas y lo último que quieren es comprar una casa que requiera muchas mejoras. Por lo tanto, cuantas menos reparaciones se encuentren en las casas FSBO, más compradores y ofertas potenciales obtendrás.

Ponle precio a tu casa

Una de las principales razones por las que las casas FSBO no se venden es sobrevalorarlas. A los propietarios de viviendas les resulta difícil ponerles precio a sus propiedades debido al apego personal.

La forma correcta de fijar el precio de la vivienda es poniéndose en contacto con expertos como agentes inmobiliarios y valuadores. Han estado en el negocio inmobiliario durante un período prolongado para tener las habilidades necesarias para valorar adecuadamente las propiedades de inversión.

Además, no ignores el valor del análisis del mercado inmobiliario. Los vendedores de viviendas FSBO desean realizar un análisis intensivo del mercado inmobiliario para tener una idea de los precios de venta de viviendas similares.

Publica tu casa

En una transacción inmobiliaria tradicional, un agente inmobiliario sería responsable de esta tarea. Al vender casas FSBO por tu cuenta, el propietario tiene que investigar para obtener varios sitios web que permitan publicar casas para la venta en línea. En general, este tipo de sitios cobran una tarifa plana, más el costo de los servicios esenciales, como la lista de carteles y fotos de jardines.

La mejor y más completa lista de viviendas de inversión inmobiliaria a la venta en los EE. UU. Es el "Servicio de listado múltiple". Es accesible para agentes inmobiliarios y algunos compradores potenciales. Sin embargo, solo los agentes inmobiliarios con licencia pueden publicar propiedades en MLS.

Comercialice su casa

Una vez que hayas terminado de publicar tu casa, lo siguiente es comercializar la propiedad de inversión y exponerla a los posibles compradores como sea posible. La mayoría de los propietarios de viviendas no tienen una red formal de contactos para difundir la noticia, y colocar carteles de "Se vende" no es suficiente. Por lo tanto, los propietarios pueden comercializar sus propiedades FSBO publicando anuncios en sitios de anuncios, creando folletos y desarrollando sitios web para sus propiedades de inversión.

Mientras que el marketing destaca las cualidades críticas de las propiedades a los compradores. Al resaltar estas características, resultará en más éxito. Puedes escribir sobre todo lo que pueda hacer que alguien se interese en comprar tu casa. Además, publica fotografías de la propiedad que capturen las características atractivas para los compradores potenciales.

Muestra tu casa

Una vez que hayas enumerado y comercializado la propiedad de inversión, y las llamadas comiencen a llegar, los propietarios deberán buscar tiempo para mostrar la propiedad a tantos compradores potenciales como sea posible. A veces puede ser difícil apartar este tiempo. Sin embargo, los inversores inmobiliarios deben recordar que cada visita que omiten es una oportunidad perdida. Por lo tanto, asegúrate de poder estar presente para adaptarte al horario del comprador, NO al tuyo.

El hecho de que las casas FSBO deben ser atractivas y limpias ya se ha dicho antes, pero vale la pena repetirlo. Haz que la casa sea lo más hermosa posible y establece un gran ambiente que mantendrá a la gente relajada y feliz mientras ve la casa. Estos buenos sentimientos pueden marcar la diferencia.

Además, evite hablar negativamente. No te concentres en los problemas del hogar, pero tampoco mientas sobre ellos.

Negociaciones

En el sector inmobiliario, las negociaciones son como un contrato presentado al vendedor. Un vendedor FSBO puede aceptar esta oferta o analizar el contrato y enviárselo al comprador. Este proceso continúa hasta que ambas partes llegan a un acuerdo y firman el contrato. En muchos estados, los propietarios se las arreglarían para obtener un contrato estándar para la transacción. Si no estás familiarizado con el contrato, debes hacer que lo revise un abogado de bienes raíces.

En algunas situaciones, los agentes inmobiliarios prefieren cerrar tratos rápido para poder obtener su comisión, incluso si esto implica no recibir el mejor precio para el vendedor. Por esa razón, hacer tus propias negociaciones al vender casas FSBO garantiza que obtengas el precio de venta que deseas.

Cerrar la transacción

Asegurarse de que un posible comprador esté listo para comprar la propiedad de inversión es un elemento crucial para tener éxito al vender casas FSBO. Este es otro papel que juegan los agentes inmobiliarios al representar a los vendedores en la transacción.

En la venta por el propietario, el propietario debe asumir esta responsabilidad y darse cuenta de que no todos los compradores potenciales estarán dispuestos a comprar una propiedad de inversión.

Antes de cerrar la transacción, los propietarios deben confirmar que un posible comprador puede pagar la casa. La forma correcta de hacer esto es asegurándose de que el comprador esté pre-aprobado para una hipoteca.

Por último, cuando los propietarios reciban una oferta, acuerden el precio y los requisitos con el comprador y asegúrate de que el comprador esté calificado para comprar propiedades de inversión.

Vender con financiación del vendedor

El financiamiento del vendedor, como se define en el capítulo anterior, es cuando el vendedor de una propiedad de inversión financia al comprador para completar una transacción de bienes raíces. El vendedor de bienes raíces no entrega efectivo al comprador, sino que extiende crédito por la transacción de bienes raíces. El comprador luego hace los pagos mensuales de la hipoteca. En comparación con una hipoteca de vivienda tradicional, los pagos de esta estrategia se amortizan durante un período determinado. En la mayoría de los casos, una cierta fracción de la propiedad de inversión se amortiza durante el período y luego, al final, se paga un pago global por el resto del precio.

Pagaré de financiación del propietario

Cada detalle sobre el financiamiento del vendedor se captura en un acuerdo conocido como pagaré. Esta es una promesa de que una de las partes pagará a la otra una suma fija de efectivo al comprar una casa. Un pagaré también captura lo que sucederá en caso de que la persona que compra una casa no cumpla con los pagos.

¿Por qué deberías considerar esta opción al cerrar un trato de bienes raíces?

Hay diferentes formas en que los inversores inmobiliarios pueden beneficiarse de la venta de una vivienda con financiación del propietario:

Generar ingresos pasivos

El financiamiento del propietario es una excelente manera de generar ingresos pasivos.

Ahorra algo de dinero

Mientras el inversor inmobiliario se aferre a una propiedad de inversión, todos los costos que la acompañan deberán pagarse. Esto incluye los costos generales de las propiedades de inversión y los costos de mantenimiento. Si la propiedad permanece en el mercado inmobiliario durante demasiado tiempo, puede afectar el beneficio general de la inversión, según la estrategia de inversión y la propiedad. Entonces, la venta rápida con financiamiento del propietario sería una ventaja en este caso. Darle a los compradores la opción de financiamiento del propietario probablemente te dará una ventaja.

La estrategia de intercambio 1031

Esta estrategia hace referencia al Código de Rentas Internas. Si bien podría ser nuevo para ti o tu contador, la regla de cambio 1031 se estableció en 1954 como una enmienda a la Sección 112 (b) (1) del código tributario. Por lo general, el intercambio 1031 respalda el intercambio con impuestos diferidos de propiedad similar en circunstancias específicas. Prácticamente todos los tipos de propiedad están permitidos.

Requisito de tipo similar

Un inversionista de bienes raíces puede intercambiar cualquier propiedad de inversión por una propiedad similar y evitar el impuesto a las ganancias de capital en la venta de la primera propiedad. Según el IRS, las propiedades pertenecen a un tipo similar si son de la misma naturaleza, incluso si varían en grado o calidad. No hay límite en la cantidad de intercambios 1031 del mismo tipo que se pueden implementar durante toda la vida, y no hay límite en el impuesto a las ganancias de capital que se pospone. Lo mejor es que un inversor puede aplazar el impuesto a las ganancias de capital para siempre.

Restricciones de tiempo

Se establecen diferentes restricciones de tiempo para el inversor que desea beneficiarse del intercambio 1031. La primera restricción de tiempo valioso es que una vez que vendes una propiedad, necesitas encontrar propiedades en la que deseas invertir dentro de los 45 días posteriores a la fecha de cierre de la primera propiedad. Esta regla te permite identificar hasta tres propiedades.

El requisito crucial de la Sección 1031 para la segunda vez es que debes poseer la propiedad intercambiada dentro de los 180 días posteriores a la fecha de cierre de la primera propiedad.

Con base en estas restricciones de tiempo, es esencial recordar que el recuento de días son días reales y no días hábiles. En otras palabras, tienes más de un mes y medio para identificar tu próxima propiedad y alrededor de seis meses para cerrar la nueva función.

Mantener el título con el mismo nombre

Los reclamos de todas las propiedades que compras y vende como intercambio 1031 deben tener el mismo nombre del contribuyente. Esto también debe tomarse literalmente. No puedes comprar tu primera propiedad bajo tu nombre personal de contribuyente y luego comprar otra propiedad de intercambio bajo tu nuevo nombre comercial. Además, tampoco puedes incluir a su cónyuge en los nombres de los títulos. Si haces alguna de estas cosas, no podrás reclamar la transacción como un intercambio 1031.

Secretos y trucos para vender tus productos

Hay varias formas probadas de llegar a un acuerdo con un comprador. Estas tácticas deben practicarse y pulirse mediante prueba y error para obtener lo mejor de ellas.

Es importante enfatizar que las ventas son un arte y se necesita mucha paciencia para que funcione a tu favor. Habrá momentos en los que pienses que no va como lo deseas, pero no puedes darte por vencido en esos momentos difíciles. Las ventas implican perseverancia, y si eres tenaz, serás un gran vendedor.

Ya sea que estés trabajando con un mayorista o con otra organización en un acuerdo comercial importante, estos consejos serán útiles para que el trato sea más a tu favor.

Aclara tu agenda y tus metas

La mayoría de los vendedores comienzan con el pie izquierdo y no logran definir sus intenciones desde el principio. Cuando contactes a tu socio comercial, comienza siempre por dejar clara la agenda de la reunión. Como tal, ambas partes sabrán qué se cubrirá. Mantener a tus clientes al tanto de todo el proceso les infundirá confianza y seguridad para que trabajen para ti.

Conoce a tus compradores, productos y servicios

Quienes trabajan en ventas interactúan principalmente con los clientes, siempre buscando nuevos clientes para comprar sus productos y servicios. Por lo tanto, la habilidad comunicativa es una habilidad esencial en esta profesión, pero solo puedes comunicar lo que sabes. Si no comprendes completamente el producto o servicio que estás vendiendo, serás para ellos solamente una persona que ve a cada cliente solo como una fuente de ingresos.

Cuando no dices lo que tu comprador quiere de ti, entonces no le estás diciendo lo que él quiere oír. Los vendedores exitosos realizan grandes ventas porque pueden definir sus productos y servicios. Pueden conocer con precisión los beneficios que obtendrán los clientes al poseer un producto específico.

Comprende tu presupuesto con anticipación

Siempre que entables una conversación con posibles clientes, intenta identificar la información relevante lo antes posible. Por ejemplo, el precio que el cliente está dispuesto a pagar por tus productos y servicios. En la mayoría de los casos, una empresa hablará con un cliente potencial y, después de tener una conversación larga y detallada, surge el tema del presupuesto.

A veces, puedes discutir para identificar un término medio entre el precio al que esperas vender y el precio al que el cliente comprará. Pero ese no es siempre el caso. Cuando el presupuesto de un cliente es demasiado bajo con el suyo, puede ser muy desmoralizante escucharlo, especialmente después de una discusión muy larga.

Comprende la línea de tiempo de tus clientes

Otro factor crítico a considerar es el cronograma del cliente. "¿Cuándo puede un cliente comprar mis productos?" Cuanto antes puedan comprar, más peso podrás poner en la oferta. Solo debes invertir tiempo en un acuerdo en el que el cliente o socio comercial muestre la misma cantidad de interés que tú.

El número de ofertas y ventas puede determinar rápidamente el éxito de tu negocio inmobiliario. Al cerrar más acuerdos inmobiliarios en menos tiempo, no significa que tengas que tomar atajos. Los inversores inmobiliarios exitosos saben que el tiempo es dinero y se esfuerzan por generar clientes potenciales calificados para asegurarse de trabajar solo con aquellos que merecen su tiempo y esfuerzo.

Capítulo 10: Cómo hacer más trabajando menos

Hacer más trabajando menos no solo es posible con los bienes raíces, sino que también es bastante fácil de lograr una vez que dominas todas las partes móviles del negocio. Convertirse en un inversor inmobiliario te ofrece diferentes planes de inversión rentables para elegir. Sin embargo, la curva de aprendizaje del sector inmobiliario no es tan pronunciada como la de otros sectores. Incluso los inversores con la menor calificación pueden intentar generar un beneficio elevado en su primera inversión.

Ser el jefe

Lograr la libertad financiera con la que sueñas solo puede realizarse a través de un plan meticuloso y organizado. Aquí hay algunos pasos y consejos que te guiarán sobre cómo convertirte en el jefe.

1. **Establecer objetivos específicos**

El error de inversión inmobiliaria más común que cometen los inversores novatos es evitar establecer objetivos antes de iniciar una empresa comercial. La importancia de las metas fijas no puede subestimarse. De hecho, tener una idea bien pensada de lo que quiere lograr es una de las marcas de un plan detallado.

2. **Elige una estrategia de inversión inmobiliaria**

El siguiente paso es seleccionar un enfoque que se adapte a tus necesidades. El sector inmobiliario presenta numerosas estrategias que se diferencian por su nivel de riesgo, complejidad y horizonte temporal.

3. **Dedica tiempo a dominar tu estrategia**

Una vez que elijas una estrategia de inversión, debes dedicar tiempo para dominar todo al respecto. Con los recursos disponibles en la actualidad, adquirir un amplio conocimiento del mercado se ha convertido en un proceso sencillo.

4. **Usar apalancamiento**

El apalancamiento te ayuda a pagar una fracción del costo total de la propiedad de inversión. Esto reduce efectivamente la barrera de entrada para inversores con presupuestos reducidos y permite aprovechar el capital disponible.

5. **Reduce tu inversión**

Una vez que identificas una fórmula de trabajo, el siguiente paso lógico es repetir el proceso en una escala más amplia. A medida que aumentan tus ingresos, continúa agregando diferentes tipos de propiedades de inversión a tu cartera para asegurar que haya un crecimiento constante y continuo.

Tomando todo en consideración, la inversión inmobiliaria se destaca como la mejor y más eficaz forma de lograr la independencia financiera.

Ser efectivo versus ser eficiente

Existen muchas palabras que tienen significados muy similares, pero se usan de manera diferente.

Las dos palabras, efectivo y eficiente, se encuentran entre esas palabras. Ambos significan "tener un efecto", pero cada palabra tiene su aplicación única.

La palabra eficaz se refiere a si se logra o no algo. No se concentra en cómo se hace algo, sino en si se hace.

Por otro lado, la palabra eficiente se refiere a cómo se hace algo. ¿Se logró con poco desperdicio o gasto?

Cuando se trata de asuntos relacionados con la productividad, muchas personas y organizaciones trabajan duro para ser más eficientes. Quieren terminar la mayoría de los elementos de la lista de tareas por día, llegar a más clientes potenciales por mes o hacer algo en menos tiempo.

Si te preguntas si debes volverte efectivo o eficiente, es vital primero comprender qué significan la eficiencia y la efectividad, así como el resultado de ser eficiente versus ser efectivo.

Según la definición inicial, es más eficiente si descubres una manera de hacer algo dos o cinco veces en el tiempo que solía hacerlo una sola vez.

Por ejemplo, una forma eficiente de llegar a muchas ofertas es difundir correos electrónicos masivos, todos con el mismo texto de marketing. De esta manera, puedes llegar a miles de clientes potenciales por día.

Ahora, prestemos atención a lo que es la efectividad. Si tu objetivo original es generar una venta, un envío masivo de correos electrónicos suele ser efectivo. Por supuesto, te comunicas con demasiadas personas a la vez, pero ¿cuántas veces abren y leen tu correo electrónico de marketing, incluso hacen clic y compran lo que estás vendiendo?

Un enfoque más eficaz para lograr una venta real es tomarse el tiempo para investigar a un cliente o cliente potencial y enviarle un correo electrónico personalizado explicando cómo tu producto puede ayudar a tu situación específica con algunos consejos sobre cómo podrían implementarlo. Es probable que respondan a tal mensaje con pasos obvios que con un mensaje genérico. Lo bueno es que habrás logrado una venta, incluso si te consumió la tarde, o incluso más para elaborarla.

Sin embargo, estos son los dos mejores ejemplos para ayudarte a comprender la diferencia entre ser eficaz y eficiente. Si bien primero debes esforzarse por ser eficaz, también debes considerar si estás utilizando tu tiempo y recursos.

El enemigo número uno del progreso

Mucha gente no se da cuenta de esto, pero uno de los bienes más preciados para los seres humanos es el tiempo. ¡Si! Siempre puedes ganar más dinero, pero no siempre puedes crear más tiempo... ¿verdad?

Dos de los mayores desafíos que enfrentamos en la inversión inmobiliaria son el tiempo y la complacencia.

La complacencia les cuesta a los inversores inmobiliarios cientos de miles de dólares o incluso millones durante su carrera inversora porque se vuelven "cómodos".

Se dice que "la comodidad es enemiga del progreso", y nunca ha sido más cierto que en la inversión inmobiliaria. Los cheques de alquiler fluyen todos los meses, ¿por qué mover el barco? ¡¡Incorrecto!!

Por lo tanto, para tener éxito en la inversión inmobiliaria, no pierdas tu ventaja. Mantente comprometido y no permitas que la comodidad te cueste millones.

Conclusión

Si bien hay muchas preguntas que deberías hacerte, mi mejor opinión es que el nivel de tu éxito como inversor de bienes raíces será directamente proporcional al tiempo y las respuestas a las que llegues al responder a las preguntas.

Tomarse el tiempo para "hacerlo bien" al principio eliminará muchos, muchos problemas en el futuro y simplificará tu transición al mundo de los inversores inmobiliarios exitosos.

El éxito en tu viaje de inversión inmobiliaria comienza con el aprendizaje. El objetivo de este audiolibro es brindarte una base excelente para comenzar tu carrera como inversionista en bienes raíces.

Finalmente, si este libro te resultó útil de alguna manera, ¡siempre se agradece una revisión honesta!